Los 7

Elementos Claves de la Democracia

HAROLDO J. MONTEALEGRE LACAYO

CONTINENTAL
CASA EDITORA

LOS 7 ELEMENTOS CLAVES
DE LA DEMOCRACIA

Haroldo J. Montealegre Lacayo

LOS 7 ELEMENTOS CLAVES DE LA DEMOCRACIA

CONTINENTAL
CASA EDITORA

*Dedico este libro a Désirée, mi esposa,
y a Haroldo, Lilia, Désirée y Felipe, mis hijos,
a Haroldo, Matilde, Nicolás, Ofelia,
Rául, Luna y a los que vendrán, mis nietos.
A Liana, mi madre, y a la memoria de Jaime, mi padre.*

Edición general, diseño y diagramación:
CONTINENTAL CASA EDITORA
Primera edición: Junio 2019
Título original: *Los 7 elementos claves de la democracia*
©Haroldo José Montealegre Lacayo
Impreso en Nicaragua

ÍNDICE

INTRODUCCIÓN

1. La institucionalidad democrática, la inclusión ciudadana, el juego limpio, la protección de la vida, la libertad y la propiedad son metas muy difíciles de lograr, aunque alcanzables, para los países que carecen de manera total o parcial de institucionalidad democrática e inclusión ciudadana.

2. El diálogo sobre estos temas en Occidente se remonta a las antiguas Grecia y Roma, perfeccionó su brújula moral y el reconocimiento de la libertad y dignidad intrínseca e inalienable del ser humano con el cristianismo y se ha enriquecido con las experiencias de los países que han logrado ser libres.

3. Un país es libre cuando cuenta con las siguientes instituciones democráticas: I. Un gobierno constitucional y limitado. II. Estado de Derecho. III. Libertad e inclusión económica. IV. Una democracia representativa e incluyente.

4. Estas instituciones democráticas, bien entendidas y aunque muchos no lo sepan, lo traten de negar con la intimidación o la fuerza, o no lo entiendan, se fundamentan en la naturaleza única y trascendente de cada ser humano, en la centralidad de la persona humana y su dignidad, en nuestra capacidad de razonar y de cooperar, en los cimientos y principios liberales,

en buenas ideas y en las lecciones de la historia; pero únicamente pueden desarrollarse en circunstancias muy especiales a las que me referiré más adelante.

5. A menos que algo cambie —y en este libro presento algunas ideas de lo que debe cambiar y cómo— el caso base para los países no libres, o parcialmente libres, es que sus ciudadanos no gozarán de estas instituciones democráticas en esta primera mitad del siglo XXI.

6. Esta prognosis es realista en varios países de América Latina, a pesar de que en estos países existen muchas personas ilustradas y valientes que quisieran que en sus naciones tuvieran vigencia estas instituciones democráticas.

7. La explicación es que el equilibrio de las fuerzas a favor y en contra de las instituciones democráticas — que incluye a las ideas, las creencias, las ideologías, los mitos, las estrategias, los liderazgos, las presiones internas y externas, los poderes fácticos y los niveles de corrupción antidemocrática— arroja este resultado.

8. Las fuerzas en contra de las instituciones democráticas forman un nudo gordiano y este únicamente se puede desatar si coinciden las siguientes cuatro circunstancias: I. Una parte relevante y con capacidad de liderazgo de la élite política, económica y social identifica sus intereses y su éxito personal y el de sus familias con la existencia de estas instituciones en el país. II. La mayoría de los ciudadanos entiende o acepta que algunas ideas y creencias sustentan el absolutismo, la tiranía y la corrupción antidemocrática y muchos de ellos están dispuestos a incurrir en sacrificios y movilizarse hasta lograr que prevalezcan las normas que sustentan la institucionalidad democrática. III. Concurren las presiones internas y externas necesarias

y suficientes para neutralizar la oposición de los miembros de los poderes fácticos que adversan la institucionalidad democrática. IV. Un liderazgo con brújula moral que entiende a cabalidad estos siete elementos claves de la democracia y acepta desempeñar este papel con energía.

9. En este libro me esmero en derribar las ideas, creencias, ideologías y mitos que sustentan el paradigma antidemocrático y la corrupción antidemocrática y en hacer tambalear el imaginario colectivo, de manera que se puedan apreciar en su justa dimensión los siete elementos para alcanzar y preservar la institucionalidad democrática.

10. Mi propósito es ofrecer a una masa crítica de ciudadanos, incluyendo a las mayorías de las élites económicas, políticas y sociales, la idea de que ellos deben rechazar de raíz la corrupción anti-intitucionalidad democrática e implementar estos siete elementos, de manera que la plena vigencia de la institucionalidad democrática no esté en riesgo en las competencias electorales para definir quién gobierna y con qué programa.

11. Aparte de sus virtudes con relación a la libertad y a la inclusión política, económica y social de los ciudadanos, una buena institucionalidad democrática se traduce en mayores niveles de acumulación de capital para la media de los ciudadanos, en rendiciones de cuentas por parte de los gobernantes y en oportunidades para los ciudadanos de construir un buen futuro para ellos y sus familias en su país.

12. Los gobiernos de los países no libres o parcialmente libres nunca gozan de verdadera legitimidad porque fomentan o toleran un sistema de exclusión política, económica y social, se mantienen en el poder mediante

la intimidación y el clientelismo, en unos casos, y a sangre y fuego en otros; confunden el patrimonio público con el privado y administran el Estado para beneficio del gobernante y sus compinches. Estos gobiernos son inefectivos para brindar bienes públicos, un hecho que ellos tratan de ocultar no tolerando ni la transparencia ni la rendición de cuentas.

13. Los obstáculos para los siete elementos que desarrollo en este libro son enormes, cada uno de ellos implica superar una o varias líneas rojas impuestas por los compinches de los gobernantes de los países no libres o parcialmente libres.

14. Estas líneas rojas en algunos casos son evidentes y en otros casos están escondidas en los mecanismos de corrupción antidemocrática que son opacos por naturaleza.

15. Exhibiré el mecanismo central de la corrupción antidemocrática y propondré indicadores para medirla en su aspecto económico, político y social para ayudar a vencerla y que la transparencia suplante a la opacidad.

16. Los siete elementos necesarios para lograr la institucionalidad democrática son:

   1.) Comprensión y/o aceptación ciudadana de los cimientos, ideas, creencias y principios de la institucionalidad democrática, la inclusión ciudadana y el juego limpio; rechazo a la corrupción antidemocrática, al socialismo y a las ideologías que lo promueven y el respeto por las lecciones de la historia.

   2.) Partidos políticos comprometidos con la institucionalidad democrática, con democracia interna e intolerancia absoluta para con los aspirantes a caudillos; liderazgo político con brújula moral, capaz de lograr consensos alrededor de estos siete elementos y de presentarle buenas opciones al electorado y elecciones libres con amplio sufragio, incluyendo a la diáspora.

3.) Gobierno constitucional que limita de manera taxativa las atribuciones de cada uno de los poderes del Estado, que obliga a que estos poderes sean independientes y no estén en las manos del mismo grupo, que cada uno de estos poderes necesite de la concurrencia de los otros poderes del Estado para cumplir con sus atribuciones y que tiene como razón de ser garantizar los derechos humanos naturales e individuales y los derechos ciudadanos a la inclusión política, económica y social.

4.) Estado de Derecho.

5.) Mercados libres, abiertos e incluyentes.

6.) Leyes de transparencia y en contra de la corrupción antidemocrática que cuenten con respaldo ciudadano.

7.) Subsidiaridad, poder local, organizaciones intermedias y voluntarias.

17. La circunstancia más difícil de crear o palanquear es la de la crisis que existe cuando la ciudadanía rechaza de raíz las ideas y creencias que sustentan a la corrupción antidemocrática y a los gobiernos de los países no libres, pero más allá de un sentimiento democrático e incluyente, no terminan de identificar racionalmente las ideas y creencias con las que quieren vivir.

18. En estos casos la ciudadanía quedará defraudada porque por más que se movilice, algunos líderes embistan, otros incurran en grandes sacrificios y los organismos civiles denuncien, todo esto servirá de poco si esta ciudadanía no sabe a dónde va, cómo va o por qué va.

19. A pesar de estas movilizaciones, una ciudadanía que no sabe lo que quiere, por qué lo quiere y cómo lograrlo, quedará a merced de los acuerdos de cúpula entre poderes fácticos y lo probable es que se mantengan intactos los mecanismos de corrupción antidemocrática y las líneas rojas.

20. Un desenlace común para los países no libres es que como consecuencia de grandes movilizaciones ciudadanas cae el gobernante absoluto de turno y lo sustituye otro igualmente inescrupuloso.

21. Muchas de las mayores tragedias históricas tuvieron su origen en grandes movilizaciones ciudadanas en contra de gobiernos no libres o parcialmente libres en las que ideólogos socialistas, colectivistas, demagogos o totalitarios lograron adueñarse del poder precisamente porque ellos sabían a dónde iban y cómo iban; y la ciudadanía, sorprendida, sentía que quería instituciones democráticas, pero a nivel racional no entendía los riesgos, los obstáculos y los elementos que presento en este libro.

22. Queda claro entonces que una cosa es una ciudadanía que se moviliza en contra de un gobierno no libre y en contra de la corrupción en general y otra cosa muy distinta es una ciudadanía que se moviliza a favor de la institucionalidad democrática entendiendo bien el alcance de este concepto y los elementos necesarios para que esta sea una realidad.

23. En mi opinión, el gran reto es pasar a ser un país libre que goza de institucionalidad democrática y mantenerse ahí, y no simplemente saltar de ser un país no libre a un país parcialmente libre y luego hacia atrás.

24. Los elementos que propongo con la idea de someterlos al debate inteligente y de lograr un consenso alrededor

de ellos, parten de la realidad de los países no libres o parcialmente libres, tienen su fundamento en los cimientos y principios liberales, reconocen la dignidad intrínseca e inalienable del ser humano y la ética de la virtud; respetan la evidencia empírica con relación a la verdad sobre la naturaleza humana, el papel limitado que pueden jugar los sistemas de incentivos y desincentivos, toman en cuenta las lecciones de la historia y tienen una clara brújula moral.

25. Estos elementos propositivos los presento para el caso de Nicaragua, pero considero que las lecciones de este caso son relevantes también para otros países, tanto para comprender cómo evitar retroceder de país parcialmente libre a país no libre, como para entender los mecanismos de la corrupción antidemocrática y la mejor manera de desmantelarlos.

26. Fui uno de los fundadores del Movimiento Democrático Nicaragüense (MDN) en 1978, ahora parte del Partido Conservador y, como tal, participamos recién caído el gobierno de don Anastasio Somoza Debayle (1925-1980) en la Junta de Gobierno de Reconstrucción Nacional (JGRN) y para 1981 ya todos estábamos fuera del gobierno y, en mi caso, en el exilio.

27. La tragedia de los años 1978 y 1979 en Nicaragua se debió a que las movilizaciones ciudadanas fueron contra don Anastasio Somoza Debayle, la ciudadanía no quería un gobernante absoluto y quería instituciones democráticas, pero la ciudadanía en general, y el propio MDN, no tenían claridad en cuanto a cuáles eran los elementos claves para garantizar la institucionalidad democrática.

28. Aunque los escenarios contrafácticos son muy difíciles, quiero dejar constancia de que en lo personal estoy

convencido de que si en 1978 y 1979 hubiéramos logrado un consenso de las fuerzas democráticas alrededor de los elementos que presento en este libro, esto nos habría permitido ayudar a desencadenar las acciones nacionales e internacionales necesarias para garantizar la salida de Somoza Debayle y la institucionalidad democrática, en vez de la terrible dictadura socialista que desoló a Nicaragua.

29. Las ideas son extremadamente importantes porque son el preludio a la acción y la gente actúa y vive basada en ideas. Mi criterio es que la ausencia de un consenso amplio alrededor de estas ideas y de un entendimiento y rechazo claro de los mecanismos de corrupción antidemocrática explican la dictadura totalitaria del Frente Sandinista de Liberación Nacional (FSLN), la subida a la presidencia de don Daniel Ortega Saavedra en 1984, su gobierno desde abajo entre 1990 y 2006 y su regreso a la presidencia en enero de 2007.

30. Doña Violeta Barrios de Chamorro, que ganó las elecciones de 1990 como candidata de la Unión Nacional Opositora (UNO), me propuso que formara parte de su gabinete y que me hiciera cargo de la coordinación del gabinete económico. Acepté hacerme cargo de la estrategia fiscal-financiera crediticia para anclar el tipo de cambio y parar la hiperinflación y restablecer las relaciones con el Fondo Monetario Internacional (FMI), el Banco Mundial y el Banco Interamericano de Desarrollo (BID), pero con el puesto de asesor económico de la presidencia. Me hice cargo de estas tareas por aproximadamente un año, fui exitoso y los mecanismos que establecí para garantizar la estabilidad monetaria y la disciplina fiscal aún se mantienen a mediados de 2019.

31. Desde muy joven, igual que mis hermanos, tuve el gran beneficio de participar activamente en largas horas de conversación socrática sobre las virtudes ciudadanas con Jaime, nuestro padre. Estas incluían prepararnos bien para ayudar a crear la institucionalidad democrática con buenas e inteligentes ideas, priorizar la verdad sobre la conveniencia, el respeto al derecho ajeno y la inclusión ciudadana.

32. En aquel entonces le hice ver mi criterio a doña Violeta Barrios de Chamorro y a don Antonio Lacayo Oyanguren (1947-2015), su yerno, que ocupaba el cargo de ministro de la presidencia, de que la estrategia de rebanada de salami que ellos seguían fielmente, y que consistía en obtener pequeñas victorias rebanada por rebanada sin buscar el apoyo de la ciudadanía para la implementación de los elementos necesarios para la institucionalidad democrática era un camino que no llevaba a ninguna parte. Lo que era necesario hacer, y se hizo únicamente en parte, era priorizar la institucionalidad democrática, afianzar la propiedad privada, exigir y someterse a la rendición de cuentas y no permitir ni la impunidad ni que don Daniel Ortega Saavedra, a través del FSLN, lograra con presiones callejeras lo que la ciudadanía le había negado mediante el voto.

33. Las elecciones de 1996 las ganó don Arnoldo Alemán como presidente y don Enrique Bolaños como vicepresidente, como los candidatos del Partido Liberal Constitucionalista (PLC). Yo intenté ganar estas elecciones como el candidato del Partido de Unidad Liberal con una visión clara y detallada para garantizar la institucionalidad democrática y había logrado tracción verdadera, pero como Nicaragua era

apenas un país parcialmente libre y los mecanismos de corrupción antidemocrática tenían mucha fuerza, me inhibieron sin fundamento legal y sin derecho a réplica.

34. Las administraciones de don Arnoldo Alemán de 1997 a 2002 y la de don Enrique Bolaños, que ganó las elecciones de 2001 como el candidato de Arnoldo Alemán y del PLC para el período 2002 a 2007, no lograron avances en la implantación de la institucionalidad democrática.

35. Para 2006, después de diecisiete años de democracia, se podía enseñar muy poco avance con relación a la institucionalidad democrática, y existía una sensación de fracaso y una confusión muy grande en las élites y en la ciudadanía respecto a la naturaleza y viabilidad de esta institucionalidad. Esta situación se originaba en la falta de diálogos de altura sobre estos temas y en el dominio de los compinches de la agenda de los poderes fácticos.

36. La supuesta victoria de don Daniel Ortega Saavedra en las elecciones de 2006 ocurrió por cuatro razones: I. El pacto Alemán-Ortega de 1999 que bajó el porcentaje requerido para ganar las elecciones. II. Con este pacto estos compinches lograron concluir la labor de convertir al Consejo Supremo Electoral (CSE) en un instrumento de corrupción antidemocrática. III. La división del voto democrático que representaba más del 68% de los votos totales. IV. El pacto de la noche de las elecciones de 2006 entre el candidato del gobierno y don Daniel Ortega Saavedra para que, a cambio de una diputación para este candidato y que Ortega se comprometiera a parar la acusación por el escándalo de los CENIS, el corrupto Consejo Supremo

Electoral (CSE) declarara ganador a Ortega sin que se contara el 8.5% de los votos que favorecían al otro candidato, don José Rizo (1944-2019) y que habrían obligado a una segunda vuelta entre Rizo y Ortega que sin lugar a dudas habría ganado Rizo.

¿Por qué este libro ahora?

37. La crisis de 2018-2019, en la que se encuentra Nicaragua, es una oportunidad porque la inmensa movilización ciudadana a favor de la democracia en general y contra la corrupción podría desembocar en una verdadera transición hacia la institucionalidad democrática.

38. Pero existe el gran peligro de que se desaproveche esta movilización y que el movimiento sea únicamente de país no libre a país parcialmente libre para luego caer de nuevo en ser país no libre.

39. La historia de Nicaragua, al igual que la historia de todos los países no libres, está llena de oportunidades perdidas en lo que respecta al avance hacia la institucionalidad democrática.

40. ¿Cómo se explica que en algunos casos estas movilizaciones populares en contra de los gobernantes absolutos sean el catalizador para una transición hacia la institucionalidad democrática, y que en otros casos las fuerzas regulares e irregulares del régimen las extingan a sangre y fuego?

41. En este libro examino las razones por las que en algunos casos cae la dictadura y la sustituye una dictadura totalitaria aún peor, y en otros casos se adueña del poder un militar que continúa con el paradigma de los

compinches, y en muy pocos casos se logran implantar los elementos claves de la democracia.

42. Los dirigentes electos y los representantes de los ciudadanos obtienen el poder de decisión ganando elecciones libres, competitivas y abiertas, únicamente con relación a los temas comprendidos en las atribuciones que la Constitución Política les delega, y están sujetos a las mismas leyes que el resto de los ciudadanos porque nadie está por encima de la ley.

43. Algunas veces las grandes movilizaciones populares exigen cambios en las políticas públicas de los gobiernos no libres y en estos casos los gobernantes absolutos están dispuestos a acomodar las demandas ciudadanas de manera temporal, pero no están dispuestos a ceder cuando la ciudadanía pide institucionalidad democrática o mayor inclusión política, económica y social, porque estas peticiones son incompatibles con el paradigma de los compinches.

44. Para alcanzar la institucionalidad democrática es indispensable vencer los obstáculos que identificamos y seguir la estrategia que detallamos.

45. Se trata entonces de precisar exactamente en qué consiste esta meta de institucionalidad democrática, cómo se alcanza y cómo se preserva, por un lado; los obstáculos que es indispensable vencer y las circunstancias que es necesario crear o fortalecer, por el otro lado.

Importa más cómo se gobierna que quién gobierna

46. La transición de un país no libre a un país libre presupone un cambio de paradigma. Si este cambio no ocurre, la transición será mediocre y la involución al paradigma anterior estará a la vuelta de la esquina.

47. Por esta razón en este libro contrasto el paradigma de los compinches, que incluye también a los Estados colectivistas y totalitarios, con la alternativa del paradigma de la institucionalidad democrática, que se les opone.

48. No hay duda de que los gobernantes absolutos con sus compinches son por regla general mucho menos represivos que los gobiernos colectivistas y totalitarios porque estos últimos son ideológicos e intentan subordinar toda la sociedad a sus designios. Por esto, a los primeros los llamo parcialmente libres y a los segundos no libres, pero comparten los mecanismos de corrupción antidemocrática, con la diferencia de que los gobiernos colectivistas y totalitarios son mucho peores y con mayor facilidad cruzan el umbral del mal para mantenerse en el poder.

49. Los dos paradigmas que contrasto, reconociendo la enorme importancia de las diferencias que separan a los países no libres de los parcialmente libres, son: a) El paradigma de la corrupción antidemocrática o anti-institucionalidad democrática, que incluye a los países no libres y a buena parte de los países parcialmente libres, al que también llamo el paradigma de los compinches. b) El paradigma de la institucionalidad democrática que incluye a los países libres y a los que

están en transición de parcialmente libres a libres, al que también llamo el paradigma de la libertad. Se trata de dos modelos ideales para identificar mejor sus respectivas naturalezas.

50. El paradigma de corrupción antidemocrática se basa en la inmovilidad de una serie de líneas rojas trazadas por los compinches políticos, ideológicos y económicos para impedir la institucionalidad democrática.

51. Con estas líneas rojas estos compinches logran garantizar la permanencia de una serie de privilegios que los llena de beneficios y que garantiza la exclusión política, económica y social del resto de los ciudadanos.

52. Hemos visto en nuestra historia que en este paradigma las relaciones personales y los acuerdos entre los compinches políticos, ideológicos y de negocios, y en algunos casos también militares, juegan un papel central y para mejor dirimir los conflictos y las diferencias que puedan surgir apoyan al más astuto de entre ellos para que ocupe el poder.

53. Contrario a lo que ocurre en el paradigma de la institucionalidad democrática, en este caso lo deseable para los compinches es que el que gobierna ejerza el poder de manera absoluta y que concentre en su persona o ejerza una influencia determinante por medio de sus militantes en los poderes del Estado.

54. En este paradigma de los compinches el que se adueña del poder, con o sin ropaje ideológico, confunde su patrimonio personal o el de su partido político con el del Estado, subordina en mayor o menor medida los otros poderes del Estado, no tolera la rendición de cuentas, niega los derechos ciudadanos y gobierna para su beneficio personal y el de sus compinches políticos, ideológicos y de negocios.

55. Entre los gobernantes absolutos que le deben su poder a este paradigma de los compinches hay algunos que no tratan de imponer una ideología y otros que aceptan los falsos postulados totalitarios y colectivistas y abusan del poder coercitivo del Estado. En algunos casos usan fuerzas irregulares para mantenerse de por vida en el poder, para intentar el imposible de cambiar la naturaleza humana o para sofocar las demandas de los ciudadanos que están exigiendo libertad.

56. Otra distinción dentro del paradigma de la corrupción antidemocrática es entre los que reconocen límites a los abusos que cometerían para preservar el poder y los que cruzan el umbral del mal para mantenerse en el poder o para mantener cuotas de poder.

57. El *quid* de la cuestión está en comprender bien el concepto de resolución de la crisis que explicaremos con detenimiento más adelante. Esta crisis se empieza a resolver cuando existen dos situaciones: a) Los ciudadanos y la mayoría de la élite política, económica y social se convencen de que las normas de convivencia bajo el paradigma de los compinches son inaceptables para ellos y para sus familias, que ya no las toleran más, que estas normas no corresponden a sus ideas y creencias y que están dispuestos a enfrentar adversidades y privaciones para ponerle remedio a esta situación. b) Tienen claridad en cuanto a las normas de conducta que imperan bajo el paradigma de la institucionalidad democrática y estas normas corresponden a sus ideas y creencias; y están dispuestos a enfrentar con voluntad indómita los golpes y calamidades que sean inevitables, pero su porvenir incluirá la institucionalidad democrática.

58. Las marchas ciudadanas de abril y mayo de 2018 —las más grandes de la historia de nuestro país— comunicaban esta crisis. No es aceptable vivir bajo el paradigma de los compinches y prácticamente todos los que participamos en estas marchas queremos vivir con Estado de Derecho, libertad e inclusión económica, un gobierno constitucional con separación e independencia entre los poderes del Estado y que limita de manera taxativa los poderes de los funcionarios públicos y con una democracia representativa e incluyente.

59. Los compinches políticos, ideológicos y de negocios son una pequeña fracción de la élite de nuestro país y su poder descansa en las líneas rojas en contra de la institucionalidad democrática que alcanzan mantener gracias a que logran entronizar a gobernantes absolutos que defienden los mecanismos de corrupción anti-institucionalidad democrática y a que consiguen convencer al resto de la élite política y económica de que la alternativa al paradigma de los compinches es la anarquía.

60. Antes de abril de 2018 los compinches se referían a la situación de Nicaragua como una utopía que era necesario mantener intacta por los próximos 30 años; según ellos comentaban, había paz, estabilidad monetaria, crecimiento económico y los privilegios, subsidios y las líneas rojas en contra de la institucionalidad democrática parecían intocables.

61. Para marzo de 2018 la realidad de Nicaragua dejaba mucho que desear con relación a la vigencia de los derechos civiles, los derechos políticos, la transparencia en la actuación pública y la libertad económica.

62. Estos niveles de vigencia en un país se miden con los índices de libertad económica, percepción de

corrupción, vigencia de derechos civiles y políticos e ingreso por persona por día, para este último tomamos las cifras para 2017 del Fondo Monetario Internacional (FMI).

63. Estos índices revelan que, en aquel momento, con relación a la libertad económica, Nicaragua ocupaba el puesto número 100, en cuanto a la percepción de corrupción Nicaragua estaba en la cola con el puesto número 151 y con respecto a la vigencia de los derechos civiles y políticos apenas tenía un 47% de cumplimiento; y el ingreso promedio por persona al día era apenas de US$6.36.

64. La ciudadanía y el resto de la élite económica, política y social se rebelaron contra este estado de cosas entre marzo y junio de 2018 y a partir de entonces la preocupación de los compinches es cómo regresar al *statu quo ante*, a marzo de 2018, aunque esto signifique que el presidente conceda muchas cosas en cuanto a políticas públicas, o inclusive, que el presidente tenga que acceder a elecciones libres. Todo esto es aceptable para ellos mientras el paradigma no cambie y las opciones que se le presenten al electorado sigan controladas por los compinches políticos y económicos.

65. Para apreciar bien las aspiraciones e intereses que están en juego en este debate entre el paradigma de los compinches y el paradigma de la institucionalidad democrática, desarrollaré en este libro dos ideas que son centrales para mi argumento: I. La inclusión ciudadana. II. La corrupción anti-institucionalidad democrática.

66. En este libro expongo en detalle la naturaleza de la inclusión ciudadana que tiene como premisa central al ciudadano como agente racional y moral que tiene o no

oportunidad de participar en igualdad de condiciones frente al Estado con otros agentes en sus actividades políticas, económicas y sociales.

67. Mi tesis es que la inclusión ciudadana es viable en Nicaragua y que la mejor forma de superar la pobreza es con la inclusión inteligente y rápida dentro de una institucionalidad democrática que con relación a los cimientos, brújula moral, procedimientos y naturaleza responda a los intereses y a las aspiraciones de la mayoría de los ciudadanos y también de las élites que rechazan la conducta de los compinches políticos, ideológicos y de negocios.

68. Presento el concepto de la corrupción antidemocrática, que es el principal obstáculo para el paradigma de la institucionalidad democrática.

69. En la creación de las bases para una nueva institucionalidad democrática es necesario tener en cuenta la protección de los intereses legítimos de todos los sectores, de otra forma se crea una situación inestable en la que algunos grupos minoritarios podrían tener éxito en sus intentos por regresar al paradigma anterior.

70. Los siete elementos claves que expongo permiten pasar de manera real y no simplemente en apariencia, del paradigma de la corrupción antidemocrática al paradigma de la institucionalidad democrática con claridad estratégica y con la prudencia necesaria para tomar en cuenta los intereses legítimos de todos los sectores.

Organización de este libro

71. La Constitución Política actual de Nicaragua debe ser objeto de una reforma total porque es absolutista, socialista, excluyente e incompatible con las obligaciones de garantizar la verdadera vigencia de los derechos individuales naturales para todos por igual, o los derechos ciudadanos a la inclusión política, económica y social. Además, es incompatible con el principio de que la soberanía reside en el pueblo y esta reforma total de cómo se gobierna en Nicaragua es lo que demandó el pueblo con las grandes marchas multitudinarias de abril y mayo de 2018. Naturalmente que para esta reforma total debe seguirse los procedimientos que establece la Constitución Política actual.

72. Mi criterio es que este cambio de paradigma se debe dar pronto en Nicaragua porque estamos ante una crisis profunda de paradigmas. El paradigma de los compinches a los que se les garantiza privilegios mientras se mantiene al resto de la ciudadanía excluida ya está agotado. Las ideas y creencias de la ciudanía demandan el paradigma de la libertad, pero estamos en medio de la batalla para que este nuevo paradigma sustituya al anterior y no basta con que la ciudadanía sienta el paradigma de la libertad, es necesario que una minoría comprometida y, eventualmente la mayoría de la ciudadanía y la mayoría de la élite política, económica y social comprendan los obstáculos que debemos superar y la estrategia a seguir.

73. Aunque algunas de las ideas que aquí expongo las presenté hace más de 20 años, en varios editoriales en

el diario *La Tribuna*, para presentarlas completas, de manera integrada y bien argumentadas hacía falta un libro y una crisis para que este libro fuera útil, porque únicamente en momentos de crisis es posible lograr la movilización ciudadana necesaria para vencer los obstáculos e implementar los elementos necesarios para el cambio de paradigma.

74. Debemos tener conciencia de que no necesariamente se va a resolver bien esta crisis de paradigmas. Si logramos un consenso ciudadano importante alrededor de la visión del paradigma de la libertad y el apoyo de la gran mayoría de las élites política, económica y social, entraríamos a un círculo virtuoso que garantizaría la inclusión ciudadana y el Estado de Derecho, la libertad económica, un gobierno constitucional y limitado y la verdadera democracia representativa.

75. En cambio, si la transición es igual a la de 1990, con la Constitución Política que tenemos hoy, los privilegios y exclusiones que existen hoy y la resignación general al paradigma de los compinches con todo lo que esto implica, en unos diez años estaríamos donde nos encontramos hoy y otra vez habríamos construido sobre la arena del mar.

69. Naturalmente que la situación podría ser aún peor si frente al descontento social que generaría la ausencia de solución a la crisis se profundiza la represión para mantener intacto el paradigma de los compinches.

70. Es un lugar común que la política es el arte de lo posible, pero es mucho más que esto, porque qué es posible en un contexto particular depende de qué se imaginan los ciudadanos como posible, qué tipo de sacrificios están dispuestos a soportar, qué tan inútil

les resulta el paradigma desde el cual se gobierna y qué tan comprometidos están con el nuevo paradigma.

CAPÍTULO I

LA META: LA INSTITUCIONALIDAD DEMOCRÁTICA

1. Comentaba Pablo Antonio Cuadra Cardenal (1912-2002) que Pedro Arias de Ávila (Pedrarias), primer gobernador de Nicaragua, desde que venía en el barco en el año 1514 ya había dejado claro con su comportamiento con la tripulación que iba a gobernar sin atender derechos, y así fue. El poder político sin atender derechos es el paradigma de los compinches que ha sido la forma de gobernar más común a través de la historia de nuestro país.

2. Una patria mejor se ha entendido y se entiende por la inmensa mayoría de la población, como un país en el que el cómo se gobierna es mucho más importante que quién gobierna, qué partido político es mayoritario o qué programas van a recibir más o menos recursos en el presupuesto anual.

3. La Constitución Política en un país libre limita de manera taxativa las atribuciones de los poderes del Estado, impide la arbitrariedad en el ejercicio del poder, divide los poderes de manera que ningún poder del Estado pueda actuar solo y garantiza los derechos

humanos naturales e individuales a la vida, a la libertad, a la propiedad privada y el Estado de Derecho.

4. Esta Constitución Política para la libertad tiene que estar diseñada de raíz y de manera congruente, consistente e integral para garantizar el Estado de Derecho, la libertad e inclusión económica, un gobierno constitucional y limitado y una democracia representativa e incluyente.

5. Las constituciones de los países no libres y parcialmente libres están diseñadas como guante para el paradigma de los compinches y este es el caso con las enmiendas a la Constitución Política actual de Nicaragua dictadas para el pacto Alemán-Ortega. En este paradigma se manda y el que manda goza de impunidad, es señor de vidas y de haciendas y no está obligado a atender ni derechos ni razones. El lema operativo bajo el paradigma de los compinches es el que comúnmente se le atribuye a don Anastasio Somoza García (1896-1956), fundador de la dinastía de los Somoza: «Plata para los amigos, palo para los indiferentes y plomo para los enemigos». El que no acepta esto «mejor se va al exilio» o paga las consecuencias de su independencia de criterio con: I. Su libertad. II. Sus propiedades y sus derechos —confiscados a favor del que manda o de algunos de los compinches del que manda—. III. Su vida.

6. Tomando en cuenta la realidad del ser humano, que como dijo Rubén Darío (1867-1916) en su poema *Los motivos del lobo*, «cuando nace viene con pecado» y las lecciones de la historia, la tiranía, tal como la define James Madison es «la acumulación de todos los poderes, Legislativo, Ejecutivo y Judicial, en las mismas manos, de uno, de varios, o de muchos, ya

sea hereditaria, autonombrada o elegida». Esto se puede utilizar como aproximación al paradigma de los compinches, pero no como descripción completa de la idea.

¿En qué consiste la corrupción anti-institucionalidad democrática?

7. La corrupción anti-institucionalidad democrática es la utilización directa o indirecta del poder coercitivo del Estado o de la violencia de fuerzas irregulares para obtener privilegios incompatibles con la inclusión política, económica o social.

8. Esta definición difiere de las usuales en que se identifica como los bienes protegidos a la institucionalidad democrática y al respaldo por parte del Estado al fortalecimiento de la capacidad de agencia política, económica y social de los ciudadanos —que son dos tareas mutuamente indispensables— incluye entre los posibles agentes de la corrupción a los poderes fácticos y a la violencia de fuerzas irregulares y exige como condición necesaria para tipificar esta corrupción que estos agentes obtengan —o intenten obtener— privilegios incompatibles con los bienes protegidos.

9. Estos privilegios que motivan a estos agentes de la corrupción antidemocrática y que una vez que los logran se convierten en líneas rojas que defienden a ultranza, pueden ser ideológicos, políticos, judiciales, legales, presupuestarios, arancelarios, impositivos, regulatorios, constitucionales, periodísticos, neutralización de

contrapesos institucionales, restricción de competencia o electorales.

10. En lo político, estos privilegios incluyen, entre otros, los siguientes: I. Anular cualquier independencia, contrapeso o poder de veto de parte de la Asamblea Nacional o del Poder Judicial. II. Desnaturalizar a los ministros y a los reguladores y superintendentes al convertirlos en esbirros. III. Competencia electoral limitada a partidos políticos controlados por compinches políticos. IV. Descalificación formal de candidatos que no cuenten con el respaldo de los compinches políticos y de negocios. V. Subordinar a los diputados y a los jueces y otros miembros del Poder Judicial para que su permanencia en el cargo dependa de su obediencia al caudillo dueño del partido que los nombró o directamente del gobernante. VI. Obediencia absoluta de parte de los órganos de investigación para garantizar la impunidad. VII. Padrones electorales deliberadamente falseados. VIII. Pactos entre partidos para distribuirse las alcaldías. IX. Distritos electorales manipulados. X. Pactos entre caudillos para declarar ganador sin contar todos los votos en función del que esté más comprometido con el mantenimiento de la corrupción antidemocrática. XI. Restricción de la actividad política de los ciudadanos al voto en elecciones entre las opciones predefinidas por los compinches. XII. Criminalización de jure o represión de facto de movilizaciones ciudadanas pidiendo cambio de políticas públicas, elecciones anticipadas o algún nivel de institucionalidad democrática.

11. Los privilegios económicos incluyen los siguientes: I. Patrimonialismo, que consiste en la confusión de los bienes públicos con los bienes privados del gobernante

y sus compinches. II. Confiscación de la operación de los competidores de los compinches cuando se trata de negocios regulados. III. No autorización o cierre arbitrario de los competidores de los compinches porque no toleran la competencia que les baja la rentabilidad sobre el capital invertido. IV. Inseguridad de derechos contractuales y de propiedad privada para los no compinches. V. Garantía de ganar los juicios que les puedan incoar los ciudadanos corrientes y, si esto es imposible, entonces garantía que no se podrá ejecutar una sentencia firme y correcta contra los compinches. VI. Precios de oligopolio muy por encima del nivel mundial para los productos de primera necesidad. VII. Precios muy por debajo del precio mundial para la compra de la producción local. VIII. Restricción de las huelgas o criminalización de facto de las mismas. IX. Pérdida programada del poder adquisitivo de la moneda para asegurar salarios reales más bajos. X. Falta de infraestructura crediticia en el campo. XI. Intereses de usura para la gran mayoría de la población. XII. Otros privilegios fiscales, legales, arancelarios, de oligopolio y presupuestarios. XIII. Producto de la combinación de estos factores la acumulación de capital para las personas de segmentos **c, d** y **e** es insuficiente, y la acumulación a nivel **a** y **b** no es la necesaria para garantizar mejores oportunidades y mejores salarios reales.

12. La incompatibilidad de la corrupción antidemocrática en lo que respecta a la inclusión social abarca: I. Una presión fiscal insuficiente para que el gobierno tenga solvencia y cumpla con la inclusión social. II. Clientelismo en la distribución de servicios de salud, salubridad y educación pública de manera que

resulta imposible lograr las ventajas naturales de los bienes públicos que mejoran las oportunidades de los ciudadanos y su calidad de vida. III. Ausencia de estándares generales de educación compatibles con los requisitos de acceso a la economía mundial. IV. Inseguridad con relación a los programas de salud cubiertos de manera general y en cuanto a su calidad. V. Desigualdad de acceso a bienes públicos entre el campo y la ciudad.

13. Los privilegios ideológicos incluyen el reconocimiento de un partido político como de vanguardia, la confusión de la administración pública con el partido político, la restricción de la libertad de movilización ciudadana, las concentraciones masivas convocadas por el gobierno con fondos públicos, la propaganda oficial en contra de algunos ciudadanos o grupos y el adoctrinamiento ideológico en las escuelas.

14. Los que se benefician de estos privilegios son los caudillos o los ejércitos, que se adueñan del poder y sus compinches políticos, ideológicos y de negocios, o mafiosos, según el tipo de violencia que utilizan.

15. En los países no libres el poder es personal y cuando uno de estos autócratas deja la presidencia como consecuencia de una elección, o de presión popular, sus compinches no dejan el control sobre las líneas rojas de los mecanismos de corrupción antidemocrática.

16. Cuando un autócrata ya no le sirve a los compinches porque se quedó sin legitimidad interna, o porque ya no se tolera internacionalmente, o ambas, con frecuencia se dan luchas de poder que involucran a los compinches políticos y de negocios, algunos poderes fácticos y en casos extremos desemboca en un golpe militar y todo esto con el propósito de llenar el vacío de poder

con un nuevo autócrata, o un hombre débil que pacte con el compinche que dejó la presidencia, o con el ejército, con el propósito de que se mantengan intactos los mecanismos antidemocráticos de corrupción.

17. Los incentivos y las instituciones que existen están diseñadas para perpetuar la corrupción antidemocrática y, aunque los intereses que sustentan este estado de cosas hasta ahora resultan dominantes, queda claro que con la voluntad indómita de la ciudadanía esto puede cambiar.

18. Mi argumento en contra de la corrupción anti-institucionalidad democrática lo construyo con principios, creencias, ideas y las verdades que aquí expongo. Espero motivar a muchos a pensar con más claridad sobre estos temas e inspirarlos a favor de la necesidad de implantar con vigor estos siete elementos de la democracia. En mi opinión tanto los compinches, como los gobernantes absolutos o cuasi-absolutos que los representan, son esclavos de su paradigma destructivo, se hablan al oído y se dicen a ellos mismos premisas falsas, y como en parte se trata de un error intelectual, y en este libro podemos demostrar este error, nos concentramos en el debate de ideas.

¿Qué son los poderes fácticos?

19. La autoridad política que se ejerce conforme con leyes que emanan legítimamente de la Constitución Política son de jure-conforme a derecho, en cambio, la autoridad política que se ejerce en la realidad —pero

que no tiene sustento constitucional o contradice a la Constitución Política— es de facto-de hecho.

20. Se llama poderes de facto o fácticos a los que ejercen poder o influencia en virtud de su importancia real y no como consecuencia de elecciones democráticas bajo normas constitucionales. Los compinches del que manda, o de los que mandan, tratan de ser ellos mismos los que dirigen estos poderes fácticos o, al menos capturar, o comprometer a sus representantes para negociar impunidad y más y mejores privilegios políticos, judiciales, legales, regulatorios, impositivos, arancelarios y constitucionales.

21. Las transacciones entre el gobernante y sus compinches dentro de los poderes fácticos son más estables entre más absoluto sea el poder del gobernante y esta es la razón por la que a lo largo de nuestra historia los compinches han ayudado a fortalecer las tiranías. Al tirano le resulta más fácil quedar bien con un grupo pequeño de compinches a los que les compensa su apoyo con privilegios y les permite participar en la rapiña de los bienes públicos, que fomentar la institucionalidad democrática y la inclusión ciudadana.

22. En los países como Nicaragua, en los que prevalece el paradigma de la corrupción antidemocrática, los poderes fácticos llegan a algún tipo de entendimiento con los compinches y este entendimiento puede ir desde la tolerancia mutua con desprecio y profundos cuestionamientos del paradigma de los compinches, hasta la aceptación de este paradigma como la mejor alternativa a la anarquía por parte de los miembros de la élite política, económica y social que a la vez son miembros de los poderes fácticos.

23. Las autoridades que resultan elegidas en un proceso libre, abierto e imparcial, tienen únicamente las atribuciones limitadas que les otorga la Constitución Política y están obligadas a garantizar las libertades constitucionales. No es compatible con el paradigma de la institucionalidad democrática que estas autoridades estén al servicio de los compinches o de los poderes fácticos.

24. Los poderes fácticos y/o los miembros de estos poderes, según sea el caso, tienen libertad para organizarse, votar, hablar, publicar, reunirse, organizarse gremialmente, ejercer influencia y presión en lo que respecta a la políticas públicas y, en fin, desarrollar sus actividades como les convenga en el marco de la Constitución Política, el Estado de Derecho, la libertad económica y las leyes pro transparencia y esto es como debe ser, pero es inaceptable que capturen o corrompan a los representantes legítimamente elegidos.

25. Es un lugar común entre los científicos políticos y los historiadores que los países deben elegir a sus representantes mediante el método democrático y que no es democrático que estén capturados por los poderes fácticos.

26. Por regla general los intereses enquistados están interesados en aumentar sus privilegios y no en la institucionalidad democrática. Para los fines de este libro, las élites enquistadas que están dispuestas a sacrificar la institucionalidad democrática a cambio de privilegios son los compinches políticos, ideológicos y de negocios del régimen.

27. La justificación que ofrecen los defensores del paradigma de los compinches es que por medio de la corrupción antidemocrática ellos han logrado crear

una gran cantidad de líneas rojas presumiblemente infranqueables, que si los compinches no fueran ellos serían otros, y que mejor ellos que otros, y que independientemente de las intenciones democráticas que podría tener un candidato con buenas intenciones que llegara a la presidencia, en la práctica las únicas opciones que tendría este buen sujeto, ya como gobernante, serían las de convertirse en el jefe de la mafia, en tirano o sucumbir a la violencia de los compinches. Esta dicotomía es falsa y tal como argumento en este libro, la única opción inteligente es pasar al paradigma de la institucionalidad democrática.

28. En el *modus operandi* de los compinches de negocios del régimen también están: I. La venta al Estado de bienes, construcciones y productos a precios muy por encima del mercado gracias a licitaciones o adjudicaciones amañadas. II. El compinche muy enquistado que utiliza a un ente regulador para, primero, confiscar el negocio de un competidor que juega limpio y que es más competitivo que el compinche de manera que haya menos competencia, y que, segundo, le transfiera de manera gratuita al compinche el negocio entero del competidor, sin las deudas, por supuesto.

29. Los compinches políticos logran adueñarse de partidos políticos con el apoyo de las autoridades que están supuestas a garantizar la competencia electoral y usan estos partidos para realizar pactos entre compinches para restringir la competencia electoral, que los cargos en la Asamblea Nacional sean del partido y no del diputado, para que se seleccionen algunos miembros de su partido para cargos en la Corte Suprema de Justicia (CSJ), en la Contraloría General de la República (CGR) y en la misma entidad electoral. Además, como

los esfuerzos de organización partidaria se vuelven irrelevantes, se invierte poco en esto y entonces el dueño del partido puede usar, según su antojo, los reembolsos electorales que recibe el partido después de cada «elección».

30. Las conductas de los compinches políticos y los compinches de negocio le restan legitimidad a los gobiernos de los países no libres y los países parcialmente libres y, como consecuencia, de la corrupción antidemocrática que exigen y apoyan; la media y la moda de ingresos y oportunidades se encuentran muy por debajo de los promedios que se reportan. Lo que no se debe perder de vista es la relación simbiótica entre las tiranías y los compinches políticos y de negocios enquistados.

31. Cuando se producen situaciones de crisis, en la que hay un lucha de paradigmas, se multiplican los esfuerzos de los compinches de negocios y compinches políticos por dominar el debate, nombrar representantes y vetar candidatos, con el propósito de extinguir la llama del paradigma de institucionalidad democrática.

32. En la lucha de paradigmas, que es una lucha de narrativas, no las tienen todas consigo los compinches políticos y de negocios, porque la inmensa mayoría de la población quiere un Estado de Derecho, libertad e inclusión económica, un gobierno constitucional y limitado y una democracia representativa e incluyente en Nicaragua y estos compinches y las personas capturadas y/o corrompidas por ellos son una minoría, aún en los poderes fácticos.

33. Los poderes fácticos no son un poder supraconstitucional y necesariamente deben estar sujetos a las normas que imponen la Constitución Política, el Estado de Derecho

y la democracia representativa. No pueden ser dueños de las autoridades elegidas, ni escoger a los candidatos de los partidos políticos y en un sistema democrático no pueden tener poder de veto sobre los candidatos de los partidos políticos, ni sobre las decisiones que les corresponden a las autoridades elegidas.

34. El sujeto activo en el paradigma de la libertad es el ciudadano que tiene un estatus legal con capacidad de agencia política, económica y social que es reconocida y respaldada por el Estado. Esta capacidad de agencia, que incluye las obligaciones que impone la ley y el derecho a votar en elecciones libres, imparciales y con amplio sufragio, le permite exigir la igualdad de oportunidades frente al Estado, a ser informado y tomado en cuenta por sus representantes y a organizarse y a marchar conforme a la ley hasta las puertas de la Asamblea Nacional para opinar y para exigir mejores políticas públicas y que sus representantes sean recibidos y escuchados.

35. En el paradigma de los compinches los sujetos activos son los compinches y su gobernante, ellos toman las decisiones soberanas y la Asamblea Nacional, la Contraloría General de la República (CGR), la Fiscalía y los poderes Judicial y Electoral son una simple formalidad para implementar lo ya decidido por ellos. Circunscriben la capacidad de agencia del ciudadano al ejercicio del voto y entre elecciones es considerado golpista si exige rendición de cuentas, o participa en marchas para exigir mejores políticas públicas o institucionalidad democrática.

36. La mayoría de las constituciones modernas recogen la idea de que la soberanía reside en el pueblo, que en realidad debería decir que la soberanía reside en

los ciudadanos y esto tiene un sentido muy concreto que veremos adelante, pero muchos gobernantes que conculcan los derechos ciudadanos manipulan este concepto para justificar sus atropellos, pero esto no tiene sentido.

37. Un derecho fundamental de los ciudadanos en una democracia es elegir y ser elegidos, pero esto es imposible cuando los partidos políticos tienen dueños y los poderes fácticos limitan a su gusto y antojo el sufragio electoral.

38. Los tribunales independientes juegan un papel central en la resolución de disputas, pero cuando están capturados, como ocurre con frecuencia en el paradigma de la corrupción antidemocrática, el ciudadano corriente está inhabilitado de hacer valer sus derechos de propiedad privada en contra de los compinches del gobernante.

39. En el paradigma de los compinches el nivel de seguridad que tienen estos y el resto de los ciudadanos es muy distinto y el nivel de protección de sus derechos ciudadanos que puedan tener los no compinches se deriva de la relación personal que tengan con los compinches en un sistema clientelista y de dependencia.

40. Las atribuciones del presidente y de los miembros de su gabinete y otros funcionarios públicos son en virtud de su cargo y limitadas por la ley, pero en el paradigma de corrupción antidemocrática actúan como que fueran atribuciones de la persona y no estuvieran circunscritas por la ley.

41. Cuando el presidente o un funcionario público comete un delito en contra de un ciudadano, ¿quién paga? ¿quién debería pagar?

42. La institucionalidad democrática, que incluye el Estado de Derecho, un gobierno constitucional y limitado, una democracia incluyente y representativa y la libertad y la inclusión económica es la única manera perdurable de garantizar los derechos ciudadanos.

¿En qué consiste el método democrático?

43. Joseph Schumpeter en su libro *Capitalismo, Socialismo y Democracia*, lo explica así: «El método democrático consiste en las disposiciones institucionales para llegar a decisiones políticas en las que los individuos adquieren el poder de decidir mediante una lucha competitiva por el voto de los ciudadanos». Esta definición con pequeños variantes es la que utiliza la mayoría de los analistas políticos.

44. La transición democrática en el caso de Nicaragua, cuando esta ocurra, va a implicar que las autoridades legítimamente elegidas no aceptarán las líneas rojas impuestas por los compinches, no abdicarán los derechos de decisión obtenidos mediante el método democrático a favor de ningún compinche y que las autoridades salientes entregarán realmente el poder.

45. En una democracia las elecciones para las autoridades ejecutivas y legislativas deben ser libres, imparciales y con amplio sufragio, los gobernantes deben estar sometidos a la ley, igual que todos, no pueden aprovecharse del poder para favorecer a compinches

o para perjudicar a sus adversarios, y los ciudadanos deben respetar los cauces de participación establecidos por la ley. Estas condiciones no se cumplen en cuanto a la conducta de los gobernantes en el paradigma de la corrupción antidemocrática y, como estos gobiernos carecen de legitimidad, con frecuencia estas transiciones están precedidas por grandes traumas económicos, financieros, sociales y humanitarios.

46. En Nicaragua no se logró dar los saltos de rana necesarios para pasar al paradigma de la institucionalidad democrática durante el período de doña Violeta Barrios de Chamorro, pero fue más grave la ausencia de resultados positivos con relación a la institucionalidad democrática durante las administraciones de Alemán y Bolaños y la entrega del poder a Ortega sin contar el 8.5% de los votos en las elecciones de 2006.

47. Esta tragedia ocurrió porque el paradigma de la corrupción anti-institucionalidad democrática y el sistema de relaciones personales y clientelismo tenían arraigo y porque ninguna de las opciones frente al electorado presentaba con claridad y con consistencia la opción de la institucionalidad democrática, y en tercer lugar porque la gran mayoría de la élite que comprende que sus intereses están en que Nicaragua sea un país libre no fueron capaces de imaginarse y defender estos elementos claves que presento y se dejaron intimidar por los compinches.

48. Opina el profesor Samuel P. Huntington que la democracia depende de que los líderes políticos «quieran mantenerla y estén dispuestos a pagar los costos de hacerlo en vez de darle prioridad a otros objetivos». En Nicaragua la mayoría de los líderes políticos le han dado prioridad a ser parte de la

corrupción antidemocrática y los que han promovido o apreciado la institucionalidad democrática no han logrado crear un consenso alrededor de este paradigma, pero esto debe cambiar.

Los ciudadanos son los sujetos activos del método democrático, pero los representantes son los sujetos activos del gobierno

49. Los representates de los ciudadanos obtienen el poder de decisión con relación a los temas comprendidos en las atribuciones que la Constitución Política les delega ganando elecciones libres, competitivas y abiertas.

50. Este poder de decidir que tienen los representantes con relación a estas atribuciones no se le puede delegar a los poderes fácticos y tampoco puede estar al servicio de compinches políticos, ideológicos o económicos.

51. En los casos en los que los compinches tras bastidores restringen las opciones del electorado las elecciones dejan de ser libres, competitivas y abiertas.

52. No es compatible con el método democrático que los representantes estén restringidos por su partido con relación a sus decisiones y menos aun que los partidos puedan destituir a los representantes que votan en contra de la posición que recomienda el partido, porque en ambos casos la directiva del partido estaría haciéndose cargo de decidir con relación a temas que el representante ha adquirido el derecho a decidir porque ganó una elección libre, competitiva y abierta.

53. Los representantes, y no sus partidos, o los ciudadanos son los sujetos activos del gobierno.

54. Las marchas ciudadanas a favor o en contra de políticas públicas sirven para expresar el sentir ciudadano, pero bajo ningún punto se pueden utilizar para intentar intimidar a los representantes en lo que respecta a las decisiones que la Constitución Política les delega porque esto sería una forma de subvertir el método democrático.

55. Los ciudadanos son los sujetos activos del método democrático y esta responsabilidad no se la pueden delegar a sus representantes, a poderes fácticos o a compinches.

56. Los pactos de cúpula entre compinches políticos, ideológicos y económicos, que generalmente comprenden a personas que están en el gobierno y a partidos y negociantes económicos que están dentro y fuera del gobierno, y con frecuencia algún poder fáctico, tienen como principal propósito desnaturalizar la institucionalidad democrática al impedir que los representantes ejerzan sus funciones como los sujetos activos del gobierno, también al hacer imposible que los ciudadanos cumplan con su responsabilidad como los sujetos activos del método democrático.

No basta con tener elecciones democráticas

57. Hoy en día es común que los gobiernos de los países en los que prevalece el paradigma de los compinches quieran hacer creer que son democráticos, el argumento que esgrimen es que tienen elecciones periódicas, pero las elecciones que realizan no son libres, imparciales y con amplio sufragio y la capacidad de agencia

política, económica y social de los ciudadanos se encuentra limitada por las líneas rojas de la corrupción antidemocrática en las que se fundamenta este paradigma.

58. La vigencia real del Estado de Derecho, de un gobierno constitucional y limitado, de la libertad e inclusión económica y de una democracia representativa e incluyente y que el ciudadano cuente con el reconocimiento y respaldo del Estado en el ejercicio de su capacidad de agencia política, económica y social, son condiciones mutuamente indispensables.

59. Los gobiernos que siguen el paradigma de la corrupción antidemocrática excluyen a la mayoría de sus ciudadanos de la igualdad política y, en consecuencia, no permiten que el electorado tenga verdaderas opciones, restringen la participación y las deliberaciones de los ciudadanos y no siguen en realidad el método democrático.

60. Estos gobiernos hacen muy poco para fomentar la inclusión económica y social, de manera que sus ciudadanos viven con miedo e inseguridad en cuanto a sus oportunidades y derechos contractuales y de propiedad privada y sin verdadero acceso a bienes públicos, que son temas distintos a las relaciones de clientelismo y de dependencia.

61. Algunos adversarios del paradigma de la institucionalidad democrática venden la idea de que en un país con tantas desigualdades económicas como las que tiene Nicaragua, los que tienen ingreso menor o igual a la media de ingresos más uno, que por definición son la mayoría, preferirían un alto nivel de distribución de ingresos, y que en consecuencia a las élites les

conviene más el paradigma de los compinches que la igualdad política de los ciudadanos.

62. Pero esto no es así por tres razones: I. Este argumento es estático y distributivo e ignora que la riqueza se crea a todo nivel con las oportunidades que la inclusión política, económica y social le garantizan a todos los ciudadanos. II. La Constitución Política debe definir la presión fiscal máxima y en esta definición se tiene que tomar en cuenta la estructura de incentivos necesaria para una economía que se expande en cuanto a creación de riquezas y oportunidades. III. Las inversiones en la inclusión política, económica y social son bienes públicos que generan lo que se llama un juego de suma positiva en la que esta inversión le produce a toda la economía mucho más de lo que estos bienes públicos cuestan.

63. El monopolio del poder coercitivo lo debe tener el Estado y bajo ningún punto de vista debe estar en manos de algún poder fáctico, ya que cuando esto ocurre toda la institucionalidad democrática peligra.

¿Qué es un cambio de paradigma?

64. Los paradigmas se refieren a formas compartidas de entender la realidad. Todo paradigma supone ciertas premisas como verdaderas, ciertas creencias sobre cómo funciona el espacio en que aplica el paradigma o el mundo y ciertas actitudes y comportamientos.

65. Pasar de un paradigma a otro no es fácil y a los que están comprometidos con un paradigma les cuesta mucho trabajo apreciar uno nuevo que pretende

sustituir el suyo y los que se benefician del paradigma de la corrupción antidemocrática lo van a defender con todo.

66. Como hemos mencionado, hay crisis política cuando la ciudadanía se percata de que las ideas y creencias que han sustentado un paradigma ya no les sirven y quieren pasar a otro paradigma, en el caso de Nicaragua quieren pasar al paradigma de la institucionalidad democrática y esta crisis va a durar hasta que den este paso.

67. Es necesario comprender que elecciones libres, abiertas, imparciales y con amplio sufragio son condiciones necesarias para que la ciudadanía supere esta crisis y adopte el paradigma de la institucionalidad democrática. Además, es necesario que la opción del paradigma de la libertad exista para el electorado y que la ciudadanía supere el temor a dar el paso de agarrarse de este paradigma nuevo que se apoya en las relaciones impersonales, la provisión de bienes públicos y el Estado de Derecho, y abandone el paradigma de los compinches que se basa en el miedo, el clientelismo y la intimidación.

68. Para Thomas S. Kuhn «una crisis puede terminar con la llegada de un nuevo candidato para paradigma y con la consiguiente batalla para su aceptación». Para José Ortega y Gasset (1883-1955) hay crisis cuando los hombres han vivido prendados a unas ideas y creencias y se percatan que están agotadas, caducas y esta crisis se supera cuando pasan a vivir apoyados en otras.

69. Las élites, cuyos intereses son opuestos a los de los compinches políticos, ideológicos y de negocios, que piensan que su futuro y el de su familia será mejor

si Nicaragua pasa a ser un país libre y estable, van a estar de acuerdo con este cambio de paradigma en la medida en la que una masa crítica de ellos comprenda que es necesario apoyarse en las demandas de la ciudadanía y apostar por la institucionalidad democrática o que concluyan que ya no es posible mantener la estabilidad social con el paradigma de la corrupción anti-institucionalidad democrática.

70. Según Daron Acemoglu y James A. Robinson, la mayoría de los ciudadanos prefiere la democracia, más no así las élites, sin embargo, mediante la democratización estas élites pueden asegurar la estabilidad social y «la democracia se puede consolidar mientras las élites no tengan un gran incentivo para tumbarla».

71. Si bien estas conclusiones de Acemoglu y Robinson con relación a las élites y a la democratización son ciertas en lo general, sin darse cuenta construyen una premisa que para fines de la construcción de la institucionalidad democrática resulta falsa, y con esto me refiero a que congloban en el concepto de élite a los compinches y al resto de la élite, y este es un error que se debe evitar porque impide anticipar ciertos obstáculos y apreciar ciertas oportunidades de resolución democrática de la crisis que se pueden y se deben aprovechar.

72. Mi criterio es que para fines operativos y de construcción de la institucionalidad democrática es necesario distinguir y separar a los compinches del resto de la élite, porque tienen intereses distintos y con relación a la institucionalidad democrática estos intereses son claramente opuestos, porque a los compinches les interesan los privilegios y un gobernante con

poderes absolutos y, en cambio, al resto de la élite no le convienen ni la rapiña de los compinches ni la falta de estabilidad política, económica y social que es consustancial al paradigma de los compinches.

73. Daron Acemoglu, Suresh Naidu *et. al.* probaron de manera contundente que la democracia es una causal grande e importante del crecimiento económico y aún más en los países en los que la educación secundaria se ha logrado generalizar, y esto último es relevante porque esta educación es un indicador sustitutivo de la inclusión social que proponemos.

74. En conclusión, resulta evidente que con la institucionalidad democrática la ciudadanía va a gozar de mayor inclusion ciudadana y más bienes públicos, y que las élites y los ciudadanos en general gozarán de más estabilidad social y más crecimiento económico, mejores políticas públicas, mayor acumulación de capital, seguridad en sus derechos de propiedad privada y un mejor país, pero que esto no se puede lograr sin vencer las oposición de los compinches y la falsa narrativa que venden de que la alternativa a su paradigma es la anarquía.

La democracia y la inclusión ciudadana

75. Nuestro entendimiento del ciudadano como el sujeto activo del método democrático contrastra con el entendimiento de los derechos y las obligaciones del ciudadano que existía en la antigua Atenas, que contrario al sistema democrático, que es de democracia representativa, era una democracia directa.

76. Decía Pericles en su famoso *Oración fúnebre*, pronunciada el año 431 a.c. que: I. «Nuestra constitución no copia las leyes de los Estados vecinos». II. «La administración favorece a los muchos en vez de los pocos y por esta razón se le llama democracia». III. «Las leyes le dan igual justicia a todos en sus diferencias privadas». IV. «La pobreza no corta el paso si un hombre puede servirle al Estado y no se ve obstaculizado por la oscuridad de su condición». V. «Dictaminamos la desgracia de la pobreza, no en su existencia, pero en dejar de luchar contra ella». VI. «Nuestros ciudadanos corrientes, aunque ocupados en su industria, son jueces equilibrados de los asuntos públicos, porque, contrario a cualquier otra nación, consideramos al que no toma parte en estas obligaciones no como carente de ambición, sino que como inútil». VII. «En vez de ver a la discusión como un obstáculo en el camino, pensamos que es una fase preliminar indispensable para cualquier actividad prudente».

77. Según explica Pericles, el ciudadano ateniense de hace dos mil 450 años sabía que vivía en una democracia, que tenía obligación de interesarse y formarse un criterio personal sobre la cosa pública, que con independencia de su nivel económico podía prosperar en la administración pública, que la discusión con otros ciudadanos de previo a la acción era algo positivo, que tenía igualdad ante la justicia y que el gobierno estaba interesado en luchar contra la pobreza.

78. Con todo y las enormes limitaciones de la democracia directa de la época y la ausencia en aquel entonces del concepto de los derechos ciudadanos como una protección frente al Estado, el ciudadano ateniense gozaba de inclusión ciudadana. Lo opuesto de la

inclusión política es lo que ocurre en Nicaragua, donde las normas de convivencia política las han convenido entre compinches políticos, ideológicos y de negocios, y los derechos ciudadanos se han relativizado al punto en que se han convertido en clientelistas concesiones al arbitrio del gobernante y sus compinches.

79. Además de la plena vigencia del método democrático, la meta de la igualdad política de los ciudadanos presupone ciertas conductas de parte de los ciudadanos para con sus conciudadanos y un esfuerzo muy serio de parte del Estado para que independientemente de su nivel económico los ciudadanos se interesen en la cosa pública, que estén suficientemente preparados como para formarse un criterio personal sobre los distintos temas y que opinen y formen debate entre ellos sobre los temas que se discuten en la Asamblea Nacional o que están para decisión del Poder Ejecutivo.

80. La igualdad política exige que el Estado reconozca y proteja la capacidad de agencia del ciudadano individual, que es lo opuesto de lo que ocurre en el paradigma de la corrupción anti-institucionalidad democrática. Bajo este paradigma el ciudadano común vive con miedo y difícilmente se atreve a exigir información en tiempo real sobre las políticas públicas, o tratar de incidir en las prioridades o en la agenda de sus representantes en las alcaldías o ante la Asamblea Nacional.

81. En este paradigma de los compinches el único papel del ciudadano es votar por una de las opciones que los que controlan los mecanismos de corrupción antidemocrática permiten y su voto será tomado en cuenta, o no, según convenga. Esta realidad explica los altos niveles de abstención en los países en los que

el sistema político cuenta con poca legitimidad y los altos porcentajes con que supuestamente ganan las iniciativas de los dictadores en los países colectivistas.

82. Para lograr el arraigo y la permanencia del paradigma de la institucionalidad democrática no basta con que el Estado promueva, reconozca y proteja la inclusión política, es necesario también realizar grandes esfuerzos para avanzar en la inclusión económica mediante el verdadero acceso de todos los ciudadanos, en sus calidades de agentes económicos, al reconocimiento y protección por parte del Estado de sus propiedades privadas y a una economía libre, por un lado, y la inclusión social garantizando un nivel adecuado de bienes públicos con altos estándares para todos los ciudadanos, sujeto a las decisiones de los representantes de los ciudadanos y a las inevitables restricciones presupuestarias.

La inclusión política

83. La inclusión política exige que los ciudadanos tengan capacidad de agencia, que estén informados, que puedan formarse un criterio propio sobre los temas de interés público, que puedan defender sus ideas con argumentos con completa libertad, que tengan acceso en tiempo real y con transparencia a las decisiones de sus representantes, que puedan incidir en las prioridades y en las decisiones de estos y que puedan tener capacidad de movilización y ser escuchados entre elecciones.

84. El respaldo del Estado a esta capacidad de agencia debe incluir el acceso de la ciudadanía en tiempo real a las deliberaciones y decisiones de sus representantes ante la Asamblea Nacional, la promoción activa de la independencia de criterio de los estudiantes y los ciudadanos en general sobre los temas de interés público y la garantía de que sus criterios podrán ser tomados en cuenta en el marco del Estado de Derecho y de un gobierno constitucional y limitado con una democracia representativa e incluyente.

85. Según el Barón de Montesquieu una de las fallas principales de las repúblicas con democracia directa de la antigüedad era que los ciudadanos podían involucrarse de manera activa y directa en las resoluciones ejecutivas sin contar con la preparación necesaria y consideraba que para garantizar la libertad era necesario que el papel de los ciudadanos se limitara a elegir a sus representantes y que aparte de esta función no debían tener participación en el gobierno.

86. En el paradigma de la institucionalidad democrática que proponemos la democracia es representativa, de manera que los ciudadanos eligen a sus representantes mediante el método democrático para que ellos tomen las decisiones que según la Constitución Política estén autorizados a tomar en la Asamblea Nacional, en la presidencia y en las alcaldías.

87. Los defensores de la versión totalitaria del paradigma de los compinches se declaran partidarios de una supuesta democracia directa que en la práctica consiste en movilizaciones ciudadanas dirigidas por partidos de izquierda para que las autoridades elegidas según el método democrático se sientan intimidadas y tomen sus

decisiones según el clamor de la calle y no conforme su criterio.

88. Los ciudadanos deben tener la capacidad de manifestarse y de marchar de manera ordenada y conforme con las autorizaciones de ley, a favor o en contra de las políticas públicas, pero en el paradigma de la institucionalidad democrática este derecho debe normarse de manera que hasta cinco delegados de la marcha puedan llegar hasta las puertas de la Asamblea Nacional para exponer sus criterios ante los representantes que esta Asamblea haya seleccionado para escucharlos y tomarlos en cuenta, pero no pueden recurrir a la intimidación de los representantes o intentar anular con una marcha al método democrático, o a la naturaleza representativa de la institucionalidad democrática.

89. Se trata de un caso distinto cuando la ciudadanía se desborda en las calles porque la evidencia lo demuestra y la ciudadanía está convencida de que el poder se ha concentrado en un gobernante absoluto y en un grupo de compinches que han establecido una serie de líneas rojas para impedir la institucionalidad democrática y la inclusión política, económica y social de los ciudadanos. En estos casos la ciudadanía marcha no porque quiere exponer sus criterios con relación a una política pública u otra, participa en las marchas porque quiere institucionalidad democrática, porque quiere una consulta electoral o un plebiscito, y debe ser escuchada, encausada y acompañada para asegurar el orden, pero este derecho ciudadano tan necesario para asegurar la inclusión política debe ser reconocido y protegido por el Estado, y si en algunos casos obliga a incurrir en los gastos de una consulta popular fuera de tiempo, esta consulta se debe realizar porque estos

costos son muy pequeños frente a los beneficios aún económicos de la institucionalidad democrática.

90. La inclusión política presupone, además, que estos representantes respeten a cabalidad la separación e independencia de poderes, que no se atribuyan más funciones de las que la Constitución Política les otorga, que respeten el proceso soberano de toma de decisiones, la más absoluta transparencia en tiempo real con relación a sus actuaciones y que estén sujetos a sanciones oportunas y efectivas impuestas con independencia de ellos.

91. Pregúntese usted si en Nicaragua hay inclusión política a través de estas reflexiones:

   1. ¿Son democráticos los partidos políticos?

   2. ¿Existe prohibición de que los partidos políticos tengan caudillo o dueño?

   3. ¿Los diputados son dueños de su curul y pueden opinar y votar según su criterio independientemente de lo que piensen los líderes del partido?

   4. ¿La circunscripción electoral que representa elije de manera directa a sus diputados y no con base a listas de partidos?

   5. ¿Los representantes ante el municipio se seleccionan en competencias directas y no con base a listas?

   6. ¿Tienen todos los ciudadanos igual oportunidad de participar en el partido político de su preferencia?

   7. ¿No se involucran los poderes fácticos en decisiones soberanas?

   8. ¿Hay restricciones para limitar la compra de partidos políticos por parte de élites económicas?

9.   ¿Existe transparencia en tiempo real en cuanto al financiamiento y uso de fondos de los partidos políticos?

10. ¿Cumplen los representantes con las restricciones que les impone la Constitución Política?

11. ¿Puede usted denunciar una anomalía con la certeza que esta será investigada de manera oportuna, imparcial y efectiva y sin exponerlo a usted de ninguna manera?

12. ¿En su interacción individual con los representantes y autoridades queda claro que usted como ciudadano puede exigir el cumplimiento de la ley y que no existe poder fáctico alguno que tenga preferencia sobre usted?

92. Freedom House en su metodología para 2019 considera que en los países libres existe en la práctica y no únicamente en teoría, «una amplia gama de derechos políticos incluyendo elecciones libres e imparciales. Los candidatos elegidos en realidad gobiernan, los partidos políticos son competitivos, la oposición juega un papel importante y disfruta de poder real y los intereses de los grupos minoritarios están bien representados tanto en la política como en el gobierno».

93. Los países no libres se distinguen en que: «los derechos políticos son muy restringidos. Están gobernados por regímenes autoritarios, con frecuencia por líderes o partidos políticos que inicialmente tomaron el poder por la fuerza y han estado en el poder durante décadas. Podrían convocar a elecciones fuertemente controladas y otorgarían algunos derechos políticos, como algún nivel de representación o autonomía para los grupos

minoritarios». En el informe de Freedom House para 2019 Nicaragua está clasificado como un país no libre.

94. Según esta metodología de Freedom House, entre las preguntas más importantes para determinar si un país es no libre, parcialmente libre, o libre, está la siguiente: «¿Las alternativas políticas que se le presentan al pueblo están libres de dominación por parte del ejército, potencias extranjeras, jerarquías religiosas, oligarquías económicas o cualquier otro grupo que no rinda cuentas según el método democrático?».

95. La respuesta para Nicaragua es que hasta ahora las alternativas políticas que se le presentan al pueblo son dominadas por grupos que no rinden cuentas según el método democrático y esta ausencia de inclusión política es la principal explicación de por qué nunca hemos superado el nivel de país parcialmente libre.

96. Por esto es necesario comprender que la inclusión política de todos los ciudadanos por igual es indispensable para alcanzar el estatus de país libre y que los pactos entre los compinches políticos, ideológicos y económicos tienen como propósito mantener la rapiña y la exclusión política de prácticamente toda la ciudadanía.

97. Advierte el profesor Samuel P. Huntington en su libro *The Third Wave: Democratization in the Late 20th Century* que: «Es concebible que una sociedad elija a sus líderes políticos por medios democráticos, pero que estos líderes no ejerzan un poder verdadero. Ellos podrían ser simplemente fachadas o marionetas de algún otro grupo. En la medida en que las autoridades claves del proceso colectivo de toma de decisiones no son seleccionadas en elecciones, el sistema político no es democrático».

La inclusión económica y el reconocimiento y protección de la propiedad privada

98. La inclusión económica se refiere a que los ciudadanos, en su calidad de agentes económicos de sus propios intereses cuentan con el apoyo y la protección del Estado para hacer valer sus derechos de propiedad privada y participar sin desventaja en la economía de mercado y en su relación con el Estado.

99. Los derechos de propiedad privada son, después de la vida y de la libertad, los más importantes en la jerarquía de los derechos humanos naturales e individuales y no es posible preservar la libertad cuando se relativizan los derechos de propiedad privada.

100. En el paradigma de los compinches los derechos de propiedad privada son inciertos porque en este paradigma los derechos de los ciudadanos se relativizan, se tratan como concesiones y están siempre expuestos a la rapiña de los compinches políticos, ideológicos o de negocios.

101. Los gobernantes absolutos en el paradigma de los compinches no se someten a la ley igual que el resto de los ciudadanos, más bien actúan como que su voluntad es la ley y por esta razón los derechos de propiedad privada les resultan antitéticos, porque limitan su poder y sus posibilidades de complacer a los compinches.

102. Es importante que la gran mayoría de la élite económica, política y social comprenda que sus derechos de propiedad privada son inciertos en el paradigma de los compinches y que la única manera de garantizar los derechos de propiedad privada es con el paradigma de la institucionalidad democrática.

103. La firmeza de los derechos contractuales y de propiedad privada debe ser igual para todos los ciudadanos independientemente del tamaño de su propiedad o del monto de sus derechos contractuales.

104. Los costos de hacer valer estos derechos deben ser proporcionales al valor del derecho exigido para todos los ciudadanos y este es un factor a tomar en cuenta en el momento de medir los niveles de inclusión económica en un país.

105. El índice de los derechos de propiedad es un indicador mundial que mide la firmeza de los derechos de propiedad privada y, según este informe, en el año 2018 Nicaragua estaba en la cola, era el número 111 de los 125 países incluidos. Los únicos países que tienen menos firmeza con relación a la propiedad privada son: Mauritania, Moldova, Nigeria, Zimbawe, Burundi, Chad, República Democrática del Congo, Pakistán, Bangladesh, Venezuela, Yemen y Haití. Todos estos países que acompañan a Nicaragua en la cola están gobernados con el paradigma de los compinches.

106. Según Hernando De Soto los derechos de propiedad de sus viviendas para la mayoría de los ciudadanos de bajos ingresos de los países que no gozan de institucionalidad democrática son inciertos e inseguros, no son fácilmente transferibles y no gozan del reconocimiento y el respaldo del Estado como derechos de propiedad privada.

107. Para De Soto estas viviendas representan un capital que no se aprovecha porque no se pueden representar formalmente como derechos de propiedad y no se pueden palanquear para la creación de riqueza, y es necesario resolver esta situación mediante la titulación.

108. Los que residen en estas viviendas las han construido y las han mejorado a través del tiempo y los que residen en estos barrios saben perfectamente cuáles son los límites de su propiedad y donde empiezan las propiedades de los vecinos y saben, además, quién lleva el registro de estos derechos que ellos reconocen.

109. Estos ciudadanos gozan de posesión sobre sus viviendas, las han mejorado, pero tienen limitaciones como dirección oficial, también con relación al acceso a infraestructura adecuada y a los servicios públicos, porque no tienen dominio sobre estas propiedades.

110. La tesis de De Soto, que la comparte el Banco Mundial, es que la titulación de estas casas a favor de las personas que las han construido y mejorado y que han vivido en ellas el número de años que exige la ley para que puedan recibir este beneficio es una manera de aliviar la pobreza, de mejorar las oportunidades y de aumentar los niveles de crecimiento económico.

111. Se trata de una enorme tarea de inclusión económica que únicamente se puede realizar con base en los registros que llevan los diferentes barrios con relación a las propiedades de cada uno de sus habitantes y además conforme con el principio de la subsidiaridad es necesario contar con la cooperación de las autoridades de las diferentes comunidades y de las alcaldías

112. Los obstáculos más grandes los crean los compinches políticos e ideológicos porque son incapaces de imaginarse una política de Estado que fortalezca la propiedad privada y aumente los niveles de inclusión y de desarrollo económica del país, y lo que su paradigma les permitiría imaginar sería una oportunidad de ejercer el clientelismo, favorecer políticamente a sus incondicionales e invadir tierras con falsas promesas

porque estas invasiones no se podrían tolerar ya que son incompatibles con la protección de la propiedad privada.

113. Por estas razones esta política de Estado de inclusión económica y expansión significativa en el número de ciudadanos capitalistas únicamente se podría realizar en el paradigma de la institucionalidad democrática que es el único que permitiría dar saltos de rana con relación a la firmeza de los derechos de propiedad de todos los ciudadanos, incluyendo a los nuevos propietarios y a los antiguos dueños, de manera que en poco tiempo podamos mejorar dramáticamente la ubicación de Nicaragua en el índice de los derechos de propiedad.

114. Los procedimientos para registrar propiedades no están diseñados para una titulación masiva como la que contemplamos, porque exigen solvencias municipales, mapas catastrales, títulos, historia registral e inscripción en el registro. Por estas razones va a ser necesario que la Asamblea Nacional apruebe después de mucha deliberación, estudio y visitas a estos barrios una ley que cumpla con los principios específicos del Estado de Derecho, y que tenga a la tecnología moderna como premisa y a la propiedad privada incluyendo a la de los nuevos capitalistas y a la inmediata indemnización de los antiguos dueños como bienes protegidos.

115. Esta titulación masiva, reconocimiento y respaldo por parte del Estado de estos nuevos capitalistas, que representan a gran parte de la ciudadanía, va a crear dos escenarios que se deben anticipar y que la ley debe contemplar con claridad. El primero se refiere a los mercados de compra y venta de estas viviendas y no hay duda de que estos nuevos propietarios con

derechos de posesión y dominio deben poder vender con libertad porque es su propiedad privada. El segundo tiene que ver con la identificación del propietario, de la propietaria, o de la propiedad conjunta, y esto necesariamente va a obligar a que esta misma ley de titulación contemple los mecanismos necesarios para expedir certificados de matrimonio cuando corresponda con la misma velocidad y seguridad con la que se van a emitir los títulos de propiedad.

116. Con una aplicación en su teléfono celular o en línea desde cualquier computadora conectada al internet, los propietarios podrán constatar sus derechos y mostrárselos a terceros en caso que quieran vender su propiedad.

117. La titulación facilitará las enajenaciones y herencias.

118. Acceso a una infraestructura crediticia adecuada y competitiva es parte de la inclusión económica y esto no es un tema de legislar un resultado, se trata de crear la estructura de incentivos y la infraestructura necesaria para que esta meta se cumpla en un plazo corto.

La inclusión social

119. La inclusión social se refiere a que todos los ciudadanos tengan acceso a bienes públicos esenciales tales como educación, programas de salud y salubridad. Las inversiones en salud y en la vacunación preventiva de todos los ciudadanos son necesarias. Estos bienes públicos traen más beneficios que su costo de manera que son de suma positiva.

120. La educación debe ser con los mismos estándares en las zonas urbanas que en las rurales y adecuada para

que todos los ciudadanos puedan participar como agentes económicos en la economía mundial.

121. La inclusión social fortalece la igualdad política y las oportunidades que tienen los ciudadanos de ejercer agencia en lo económico.

122. La salud y vacunación preventiva incluyendo la política de incentivos y desincentivos para prevenir el consumo inmoderado del alcohol, el tabaquismo y la obesidad son importantes porque están vinculados al cáncer, diabetes tipo 2, a los problemas cardíacos y a un deterioro en la calidad de vida, por un lado, y porque obligan a una inversión adicional en salud que podría destinarse a otras necesidades.

123. Los fortalecimientos de las capacidades de agencia económica, política y social y de los niveles educativos de las mujeres son condiciones necesarias para la inclusión social, se trata de una de las inversiones sociales más rentables y con más externalidades positivas que puede hacer un país.

Reglas del juego y paradigma de la libertad

124. La libertad, tal como la define Montesquieu en su *Espíritu de la Leyes*, es la condición de vivir en un Estado gobernado por leyes en el que el poder frena al poder. Y la tranquilidad de espíritu que sienten los individuos cuando se sienten seguros en su vida y en su propiedad.

125. La democracia constitucional y representativa no les interesa a los compinches políticos ni a los compinches de negocios ni a los déspotas. Tampoco les interesa a los marxistas, a los que creen que es posible imponer

a la fuerza una república de la virtud ni a los que consideran que no debe existir ningún freno a la pasión de la mayoría.

126. El abuso del poder coercitivo del Estado para restringir los derechos políticos y las libertades civiles y para impedir la inclusión económica tienen como propósito arrasar con lo que pueda quedar de las instituciones democráticas. Como no les interesa la democracia no están dispuestos a pagar ningún precio para promoverla y sí están dispuestos a pagar un precio para impedirla.

127. Como consecuencia de presiones internas o de presiones externas el paradigma del despotismo contempla que el gobernante y los compinches políticos y de negocios se pongan de acuerdo en otorgarle a los ciudadanos algunas concesiones en cuanto a algunas políticas públicas relativas a los derechos políticos, las libertades civiles o la inclusión económica.

128. Estas concesiones en cuanto a políticas públicas son el plan B porque el plan A es siempre la represión dentro del paradigma de los compinches y, por regla general, aplican el plan A internamente y cabilderos internacionales contratados por los compinches de negocios para justificar el retiro de cualquier concesión que hayan otorgado dentro del plan B.

129. Para que estas concesiones dentro del plan B no afecten el prestigio del paradigma de los compinches, el escenario óptimo para ellos es que estas aparezcan como una graciosa concesión del gobernante a petición de los compinches políticos y de negocios, por un lado, y que los más dóciles de los opositores internos den su visto bueno, por el otro. Y, borrón y cuenta nueva, todo sigue igual.

El paradigma de la libertad presupone principios que el vivo rechaza

130. El paradigma de la libertad requiere que la sociedad valore ciertas virtudes ciudadanas incluyendo el juego limpio, la cooperación social voluntaria, la moderación en el ejercicio del poder y el respeto al derecho ajeno. Como la conducta del vivo es lo opuesto, juega sucio, abusa y arrebata, es inmoderado cuando tiene cualquier poder y no respeta el derecho ajeno, es necesario que la sociedad rechace la conducta del vivo. Los compinches son vivos auténticos y las líneas rojas de la corrupción anti-institucionalidad democrática institucionalizan abusos que se deben tipificar como delitos.

131. El paradigma del vivo como conducta y como forma de interpretar la realidad es corriente entre la gente sin escrúpulos en los países no libres y en los países parcialmente libres. No se trata de una tarea fácil, pero es necesario que los ciudadanos quieran jugar limpio, que quieran atender derechos y razones y que puedan esperar lo mismo de la contraparte en sus transacciones. Se trata de un cambio de paradigma que va a ser más fácil en la medida en que logremos un consenso alrededor de los elementos claves la democracia.

132. En Nicaragua desde hace siglos ha prevalecido el paradigma de los compinches y es entendible que parte de la ciudadanía trate de imitar la conducta advenediza de los compinches que se consideran muy vivos porque desprecian las leyes y se burlan de las normas de buena conducta cuando el cumplimiento con ellas no les trae beneficio inmediato.

133. El paradigma de los compinches que implica vivir bajo tiranías o cuasi tiranías tiene mucho apoyo en Nicaragua y para mucha gente es imposible imaginarse un mundo en el que pueda existir una realidad distinta. Los paradigmas malos, como el de los compinches, se convierten en círculos viciosos que fortalecen el entendimiento de la realidad, las creencias, las actitudes y los comportamientos que los sustentan.

Los derechos humanos naturales e individuales

134. Los derechos humanos naturales tienen una larga historia y se basan en nuestra naturaleza humana compartida y en nuestra capacidad potencial de razonar. Estos derechos son individuales y reconocen que desde el punto de vista de los derechos humanos todos somos iguales, así como los cristianos reconocemos que todos somos iguales ante Dios.

135. Estos derechos se refieren a la protección de la vida humana desde la concepción hasta la muerte natural, la libertad y la propiedad privada que se considera esencial para preservar la libertad. Pero estos derechos humanos no se defienden solos, hace falta una sociedad civil involucrada que esté dispuesta a incurrir en sacrificios para defenderlos.

136. La razón de ser del Estado y del gobierno es la protección de estos derechos humanos naturales y deben ser parte integral de la Constitución Política, de manera que cuando un gobierno los viola deja de ser legítimo y además se convierte en un adversario de la soberanía nacional. Estos derechos humanos

ofrecen una protección infranqueable contra cualquier compinche o cualquier mayoría legislativa.

137. La inclusión ciudadana es una forma de defensa de estos derechos humanos naturales porque esta inclusión es incompatible con los dados cargados con el propósito de favorecer a unos compinches o darles poder absoluto.

138. Pero la inclusión ciudadana no es un derecho humano natural, aunque sí debe ser un derecho constitucional y un compromiso ético de la gran mayoría dispuesta a defender el paradigma de la libertad.

139. Aparte de estos derechos y de una ciudadanía comprometida con la inclusión política, económica y social, es necesario estructurar la Constitución Política con separación e independencia de poderes de manera que como decía James Madison: «la ambición sirva para frenar la ambición».

140. A lo largo de los años han existido muchos intentos de relativizar estos derechos humanos desde perspectivas ideológicas mediante la inclusión de una serie de objetivos sociales como derechos humanos ampliados.

141. Detrás de estos intentos de relativizar los derechos humanos naturales a menudo está el interés de algún ideólogo enemigo de la libertad y favorable a la planificación económica, política y social.

142. Estos supuestos derechos sociales que tienen al Estado como sujeto activo y restringen dramáticamente las libertades ciudadanas son radicalmente distintos de la inclusión ciudadana que proponemos que tiene al ciudadano como sujeto activo y busca empoderarlo.

143. La extinta Unión Soviética lideró los intentos de relativizar los derechos humanos en las reuniones de la Organización de las Naciones Unidas (ONU)

sobre derechos humanos. Hoy en día estos esfuerzos los lideran los países totalitarios y violadores de los derechos humanos naturales, poniendo en escala subordinada los derechos humanos naturales e individuales de las personas.

144. Una Constitución Política para la libertad que garantiza los derechos humanos naturales y el principio de que la soberanía reside en el pueblo, debe anclar con claridad que las declaraciones de la Organización de las Naciones Unidas (ONU) con relación a los derechos humanos, al igual que otros acuerdos multinacionales, no son vinculantes en lo que la contradigan.

145. Las constituciones que equiparan principios contradictorios exponen a los ciudadanos a que una Corte Suprema de Justicia (CSJ) ideológica ensalce los supuestos derechos sociales y sacrifique los derechos humanos naturales y no se debe dejar ningún espacio para este tipo de atropello.

La soberanía reside de manera concreta en la Constitución Política

146. El principio de que la soberanía reside de manera concreta en la Constitución Política se deriva del principio de que la soberanía reside en el pueblo. El pueblo elige en un sufragio amplio y competitivo a sus representantes ante la Asamblea Nacional Constituyente y mientras opera esta Asamblea la soberanía reside en ella.

147. Con la promulgación de la nueva Constitución Política, que en principio también debería ser refrendada

por el pueblo, cesan las funciones de la Asamblea Constituyente y la nueva Constitución Política pasa a ser la expresión concreta de la soberanía.

148. La Constitución Política debe reconocer los derechos humanos naturales como inviolables y debe recoger los principios de separación e independencia de poderes, que el gobierno debe ser constitucional y limitado, la democracia representativa y el compromiso con la inclusión política, económica y social y nada más.

149. Como los poderes del Estado derivan sus facultades y obligaciones de la expresión concreta de la soberanía nacional que es la Constitución Política, de la que emanan todas las leyes, ningún poder del Estado está facultado para anularla.

150. En los casos en los que el Poder Ejecutivo manipula a la Corte Suprema de Justicia (CSJ) para que invente con falsedades un inexistente derecho supraconstitucional para las reelecciones presidenciales, tal como ha ocurrido en Nicaragua y en otros países socialistas del siglo XXI, estos actos y los que se desprenden de ellos, además de ilegítimos, son violatorios de la soberanía nacional y jamás se pueden defender como actos soberanos, porque son la antítesis de un acto soberano.

151. El poder del Estado dentro de su territorio es un poder exclusivo y sustantivo, pero no es soberano, porque la soberanía no reside en el gobernante o en un poder del Estado; la expresión concreta de la soberanía es la Constitución Política y por esta razón no tienen mérito los argumentos de «soberanía nacional» y «asunto interno» que usan los gobernantes violadores de los derechos humanos naturales.

152. Cuando el pueblo se expresa de manera multitudinaria y pide una consulta electoral, tal como ocurrió en Nicaragua en abril de 2018, el pueblo debe ser escuchado.

La mesa de cuatro patas

153. Algunas personas piensan que existe una realidad inmutable en Nicaragua —y en muchos otros países— y que es estable porque se asemeja a una mesa con cuatro patas. Las cuatro patas de esta mesa en el paradigma de los compinches son el ejército, los compinches políticos, los compinches económicos y la cuarta es el gobernante absoluto o cuasi-absoluto de turno. Ellos están convencidos de esta falsedad y en serio piensan que la anarquía es la alternativa a esta mesa de cuatro patas.

154. Estas personas piensan que la realidad nunca va a cambiar y si los mecanismos de control de quiénes pueden competir en las elecciones fallaran y llegara a presidente una persona no capturada, o corrompida por los poderes fácticos, según estas personas este gobernante no tendría más remedio que convertirse en el jefe de la mafia o sucumbir a la violencia de los compinches y, como ejemplo, citan al gobierno desde abajo de don Daniel Ortega Saavedra.

155. La mayoría de los miembros de la empresa privada en Nicaragua quisieran que Nicaragua estuviera gobernada bajo el paradigma de la institucionalidad democrática, porque este paradigma es congruente con sus intereses y sus ideas sobre cómo deben ser las cosas y sus creencias sobre qué funciona y qué trae

estabilidad, prosperidad y oportunidades para ellos y para sus familiares.

156. La Conferencia Episcopal de Nicaragua (CEN) se ha pronunciado en varias oportunidades a favor de la democracia y de la inclusión ciudadana con un sentimiento claro y positivo.

157. Los militares retirados del Ejército de Nicaragua se han pronunciado públicamente a favor de una salida negociada de la crisis de Nicaragua, pero no es pública su posición sobre preferencia por uno de estos paradigmas alternativos.

158. Los partidos políticos más grandes de Nicaragua por ahora tienen dueño y estos caudillos han pactado para mantener privilegios políticos y para impedir la inclusión política de la ciudadanía. Alrededor de estos partidos están los compinches políticos que ocupan cargos públicos en virtud de su cercanía a estos caudillos y operan como ejecutores de estos caudillos en la Asamblea Nacional, en la Corte Suprema de Justicia (CSJ), en el Consejo Supremo Electoral (CSE), en la Contraloría General de la República (CGR), en la Fiscalía, en las superintendencias y en los ministerios.

159. También alrededor de los diferentes gobernantes han surgido los compinches de negocios que están en contra de la libertad económica y operan con ventajas judiciales, legales, arancelarias, impositivas, regulatorias y, en algunos casos, en calidad de socios de compinches políticos también se han asignado parte de los recursos del presupuesto de la república, o que deberían ser parte del presupuesto nacional.

160. Estos compinches de negocios, que en muchos casos son los mismos compinches políticos, son los principales promotores del paradigma de la corrupción

antidemocrática y tienen fuerza en la medida en que logran convencer a la empresa privada de que no hay más remedio que continuar con el paradigma de los compinches a pesar de que está en contra de los intereses de la empresa privada en general.

161. Según Bruce Bueno de Mesquita, para valorar las posibilidades de un movimiento importante en dirección de la institucionalidad democrática es necesario ver la posición de cada uno de los jugadores, la intensidad con la que tienen esta posición y la influencia que pueden tener unos sobre otros.

162. En el caso de Nicaragua estos jugadores incluyen, además de los poderes fácticos y los compinches políticos y de negocios, a la ciudadanía y a los jugadores externos a favor y en contra del paradigma de la institucionalidad democrática.

163. Como regla general la ciudadanía, independientemente de sus ideas y creencias, va a estar a favor de mayor institucionalidad democrática, porque les da más poder no solo en el presente, sino que también en el futuro y los compinches van a estar a favor de calmar las protestas populares mediante la represión o con concesiones con relación a políticas públicas específicas que no toquen la institucionalidad.

164. Coincido con la tesis de Daron Acemogly y James A. Robinson en su libro *Economic origins of Dictatorship and Democracy*, que como regla general la ciudadanía no tiene claridad racional sobre la institucionalidad democrática y que es más fácil que los compinches logren hacerles creer que algo cambió cuando en realidad nada cambió.

165. Un tema central para lograr pasar del paradigma de la corrupción anti-institucionalidad democrática al

paradigma de la institucionalidad democrática es que los líderes empresariales, políticos y sociales y la élite no compinche actúen con gallardía y decisión en defensa de la institucionalidad democrática a sabiendas de que esta institucionalidad es viable, es estable, que entienden sus procedimientos y que la Constitución Política les da oportunidad de fortalecer sus intereses, incluyendo la protección frente a la rapiña de los compinches.

166. El contenido de los procedimientos democráticos es muy distinto si se instituye una verdadera institucionalidad democrática que si estos procedimientos quedan capturados para proteger la rapiña de los compinches políticos y de negocios.

CAPÍTULO II

PRIMER ELEMENTO: PRINCIPIOS, VERDAD Y LIDERAZGO

Principios políticos, valores, creencias, mitos, ideas y crisis

1. Los **principios** son verdades fundamentales y lecciones de la historia que parten de la realidad de la naturaleza humana y que tienen aplicación general.
2. Los **valores** se refieren a cómo pensamos que deberían ser las cosas, en lo que nos decimos al oído en diversas circunstancias antes de actuar. Lo correcto es valorar principios. Toda persona tiene valores, pero pueden ser malos valores.
3. Las **creencias** se refieren al conjunto de convicciones que en mayor o menor grado compartimos o rechazamos sobre nuestros derechos y obligaciones como parte de una familia y de una comunidad, el nivel de confianza que merecen nuestros vecinos, la importancia de los compromisos asumidos, el nivel de dignidad que le reconocemos al prójimo; la forma en que operan la Constitución Política, la política, la protección de los derechos humanos naturales, la economía, los partidos políticos, la economía de mercado, la justicia,

la educación, los incrementos salariales, la propiedad privada, la transparencia administrativa o su ausencia, los niveles de impunidad que se toleran, el apoyo económico al gobierno de Nicaragua por parte de otros gobiernos y la seguridad o inseguridad contractual, entre otros temas.

4. Nuestras **ideas** se refieren a la manera de pensar personal que tenemos sobre algún tema y es natural que intentemos persuadir a otros sobre nuestra manera de pensar respecto a los temas de interés público. Estas ideas afectan nuestra conducta y la forma en que interactuamos con las otras personas.

5. Las **ideologías** son respuestas simples, aparentemente coherentes, pero falsas para problemas complejos.

6. Los **fanáticos** se apegan sin atender principios o razones a alguna causa desde una perspectiva ideológica y los colectivistas entre ellos en muchos casos cruzan el umbral del mal.

7. La **plasticidad cerebral** se refiere a las nuevas conexiones neuronales que establece el cerebro cuando desarrollamos o aprendemos a cabalidad una nueva idea o concepto, por ejemplo, el de la corrupción antidemocrática y lo empezamos a utilizar con regularidad.

8. El **adoctrinamiento** de los niños, jóvenes y de la ciudadanía es una técnica que utilizan los gobernantes totalitarios, autoritarios y sus compinches para incentivar la creación de nuevas conexiones neuronales alrededor de sus ideologías.

9. El **sometimiento ideológico totalitario** se refiere a la conducta de personas que están dispuestas a violar los derechos humanos naturales e individuales de su

prójimo e inclusive están dispuestas a morir al servicio de una ideología, que según piensan, los trasciende.

10. El sincretismo ideológico se refiere al intento de conciliación de doctrinas incompatibles como ocurre con el socialismo del siglo XXI, pero en la realidad son básicamente seguidores de la ideología marxista.

11. Los **mitos** son ficciones sin sustento. Es un mito, por ejemplo, que la soberanía resida en el gobernante absoluto de turno. Los ideólogos están dispuestos a sacrificarlo todo, incluyendo a la familia y la comunidad por el mito de que la idea abstracta que entroniza su ideología es toda la verdad.

12. A partir de estas creencias interpretamos nuestra realidad, tenemos acceso a muchas soluciones hechas y nos relacionamos con nuestros semejantes, pero cuando las creencias se fundamentan en mitos las cosas no resultan bien.

13. Los **paradigmas** se asemejan a las creencias en que a partir de ambas interpretamos la realidad, pero los paradigmas están compuestos de una serie de creencias congruentes las unas con las otras. Cada paradigma es un modelo, una teoría y hay paradigmas malos que tienen como premisas creencias falsas y valores malos y los hay muy buenos que tienen como premisas creencias basadas en principios y en las lecciones de la Historia y en valores buenos.

14. En este libro estoy proponiendo el rechazo absoluto al paradigma de los compinches y la adopción del paradigma de la libertad con todo lo que esto implica en cuanto a la congruencia interna de las creencias y los principios que sustentan al nuevo paradigma.

15. Cuando esta congruencia interna no existe el modelo falla, el paradigma de la institucionalidad democrática

no se realiza y se produce una involución al paradigma que está sustentado por una masa crítica de creencias. La transición de 1990 fracasó porque los gobiernos de la Unión Nacional Opositora (UNO) y del Partido Liberal Constitucionalista (PLC) fueron cortos de miras, no defendieron lo que debían defender, no asumieron riesgos que debían asumir, cedieron en lo que no debían ceder, no estaban preparados para el reto que enfrentaban y sus líderes carecían de las conexiones neuronales que crea la comprensión del concepto de la corrupción antidemocrática.

16. El paradigma dominante en Nicaragua ha sido el del hombre fuerte que apoyado en compinches manda y la mayoría de las creencias vigentes han sustentado este modelo falso. Cuando se hablan al oído los gobernantes se dicen que si atienden derecho o atienden razones ya no se ajustan al paradigma del hombre fuerte que han internalizado o que pueden perder el apoyo de los compinches y estas posibilidades no las quieren contemplar.

17. Algunos gobernantes democráticos han comprendido que el modelo absolutista de subordinar todos los poderes del Estado al Poder Ejecutivo y no atender derechos es incompatible con la institucionalidad democrática, pero hasta ahora ninguno ha logrado alterar con alguna permanencia el equilibrio que favorece al paradigma de los compinches.

18. Para superar los paradigmas errados y las creencias erradas hace falta ideas y estas nacen siempre del esfuerzo de introspección y del razonamiento de individuos que han estudiado a fondo la realidad vigente y conocen exactamente qué es lo que debe cambiar y qué es lo que se debe palanquear, son capaces

de proponer y sustentar creencias más acertadas y mejores paradigmas y luego logran el consenso de una masa crítica de ciudadanos alrededor de este nuevo paradigma.

19. Pero para la mayoría de la población ha sido difícil abandonar las viejas creencias, aun sabiéndolas falsas, debido a que no tiene nuevas creencias con qué sustituirlas.

20. Hay crisis cuando la mayoría de la población, o al menos una masa crítica de ciudadanos, se entera de que el conjunto de convicciones vigentes y las normas de convivencia que de ellas se derivan ya no sirven y aún no han adoptado nuevas creencias.

21. Nicaragua está en crisis desde el 18 de abril de 2018 cuando la gran mayoría de la población se pronunció en contra del sistema absolutista en el poder y la respuesta del régimen fue reprimir y después recrudecer la represión. La gente se pronunció porque las creencias que sustentan el modelo absolutista no les sirven y están claros de que quieren vivir en libertad, con transparencia, oportunidades, mejores ingresos y con democracia. Esta crisis se va a resolver cuando haya congruencia entre la realidad política de Nicaragua y estas demandas de la población. No existe otra manera.

22. Esta crisis presenta una gran oportunidad para que tengan aceptación nuevas creencias sobre el papel del ciudadano ante su familia, su prójimo, su comunidad, la patria y sobre la Constitución Política para asegurar la verdadera vigencia de los derechos humanos naturales a la vida, la libertad y la propiedad privada.

23. Todos los estudios serios sobre el desarrollo económico demuestran que existe una correlación importante entre buenas instituciones y la moda de ingresos en

todos los países, con mejor institucionalidad hay mejores ingresos. Esta institucionalidad se refiere a la organización política, a la firmeza en los derechos contractuales y de propiedad privada y a la calidad de los poderes públicos.

24. También ha quedado claro que la única manera de sustentar una buena institucionalidad es apoyándose en ideas, creencias y principios congruentes con esta buena institucionalidad y consistentes entre sí. Arquímedes, a propósito de su demostración de cómo una fuerza pequeña aplicada a un brazo muy largo de una palanca puede equilibrar, e incluso superar, una fuerza mayor que actúa sobre el otro brazo muy corto, decía: «Dadme un punto de apoyo y moveré el mundo».

25. Este punto de apoyo para asegurar una buena institucionalidad también incluye a la ética de esfuerzo, iniciativa, juego limpio, transparencia, compromisos que se cumplen, el buen trato para con el prójimo y reconocerles igual dignidad. Y comprender, reconocer y apoyar que la hija de la cocinera, igual que el hijo del jefe de la oposición, o el hijo del rector de una universidad, o la hija de una gran empresaria, el día de mañana, dependa principalmente de sus méritos y de sus esfuerzos que puedan destacarse como grandes científicos, empresarios, abogados, economistas, o ejecutivos.

26. Lamentablemente la conducta de la mayoría de los gobernantes que ha tenido nuestro país y la de cantidad de personas en todos los estratos sociales, es la conducta del vivo criollo y cuando el punto de apoyo de una sociedad es la aceptación de la conducta del vivo la palanca funciona, pero para mal. Este personaje aspira

a mejorar sus circunstancias, pero para ello recurre al engaño, a la estafa, al fraude, a la confiscación de sus competidores, a adueñarse de partidos políticos, a la destrucción de la institucionalidad democrática y a obtener y perpetuarse en el poder a sangre y fuego de ser necesario.

Argumentación, verdad, falsedad y responsabilidad

27. Un **argumento** se construye con **premisas** y estas premisas o **enunciados**, son oraciones que pueden ser verdaderas o falsas.

28. Un argumento es válido cuando la conclusión es consecuencia lógica y práctica de sus premisas y es sólido cuando sus premisas son verdaderas.

29. En los argumentos entre personas interesadas en cómo se gobierna y en llegar a la verdad sobre diferentes aspectos del buen gobierno, las principales dificultades las encontramos en las diferencias en creencias, que en sí son conclusiones de otros argumentos, pero que sirven de premisas.

30. Pero hay creencias que se puede demostrar que son falsas porque son falsas las premisas con las que se construyó el argumento del cual son conclusión, o porque la creencia no se deriva lógicamente de las premisas. En el primer caso, la creencia es falsa porque el argumento no es sólido y, en el segundo caso, la creencia es falsa porque el argumento es inválido.

31. Muchas premisas que sirven de base para creencias son producto de observaciones o de la experiencia y es

necesario valorarlas para determinar si corresponden únicamente a un caso particular, si tienen validez en un determinado escenario o si tienen una validez general.

32. Los **axiomas** son premisas que se toman como ciertas, aunque no necesariamente lo son.

33. El **paradigma de la libertad** además de estar compuesto de creencias congruentes entre sí que son resultado de argumentos válidos y que las premisas que lo sustentan son creencias basadas en principios y en las lecciones de la historia y en valores buenos, pasa el examen de producir los resultados que promete y esto es demostrable observando la buena experiencia de los países que han aplicado paradigmas similares y la mala experiencia que su ausencia ha producido en nuestro país y en muchos otros.

34. La **verdad** y la **falsedad**, como bien decía Aristóteles en su *Metafísica*, se pueden identificar así: «Decir de lo que es que no es, o de lo que no es que es, es falso, y decir de lo que es que es y de lo que no es que no es, es verdad».

35. La **responsabilidad** intelectual está en la búsqueda de la verdad en las argumentaciones propias y ajenas y esta actividad presupone razonamiento, entrenamiento y experiencia y el hábito de no valorar las premisas de manera subjetiva.

36. Los antiguos distinguían entre *vita contemplativa* que tenía que ver con esta responsabilidad intelectual y la *vita activa*, que era el espacio de acción a partir de ideas, creencias y paradigmas existentes. Es necesario reconocer el papel de las emociones, emociones que no están controladas por la razón, a nivel de las personas y aún más a nivel de los grupos y que muchas creencias

la ciudadanía las percibe, las siente y las cree, aunque no las pueda explicar.

37. Es fundamental valorar las creencias y paradigmas que explican la conducta de los candidatos políticos, además de su brújula moral o ausencia de esta, porque una vez en el cargo no van a cambiar y si lo que encontramos es una caja llena de contradicciones, incapacidad de razonar, subordinación a intereses fácticos o tolerancia o no entendimiento de los mecanismos de la corrupción antidemocrática, lo que tendremos es una repetición de las malas experiencias que tuvimos en los períodos democráticos recientes y el eventual regreso al despotismo.

Los elementos falsos: las ideologías y las utopías

38. Entre las ideas abstractas más dañinas están las ideologías que niegan al ser humano como sujeto y las que pretenden cambiar la naturaleza humana, las utopías, el idealismo, el progresismo, el historicismo, el populismo, el providencialismo y la conducta política amoral del vivo criollo.

39. En el acápite anterior abordamos la verdad y la falsedad porque para muchos buenos ciudadanos es difícil distanciarse de manera definitiva de las creencias obviamente falsas que promueven los poderosos compinches políticos y de negocios, en algunos casos porque se sienten parte del sistema de protección clientelista o sufren intimidación y, en otros casos, porque no imaginan la institucionalidad democrática con inclusión ciudadana como una alternativa apoyada en la verdad y como algo alcanzable.

40. Es un lugar común que los ciudadanos se motivan a opinar sobre temas políticos, a participar en marchas, en partidos políticos y a involucrarse de manera activa en la promoción del voto ciudadano a partir de sus ideas y creencias y no a partir de intereses, por esta razón los ideólogos y los absolutistas se esmeran con violencia y con pasión en impedir el debate de ideas o que sus creencias falsas puedan ser analizadas a la luz de la verdad.

41. La **libertad** tiene líneas de contorno que son las libertades ajenas.

42. La **protección de la vida** no puede estar sujeta a ninguna mayoría legislativa y tampoco a la supuesta voluntad general de Rousseau, que utilizan como premisa algunos gobiernos totalitarios para justificar el terror contra los ciudadanos.

43. Los **ideólogos** construyen argumentos alrededor de premisas falsas o ideas abstractas, pero como tienen mucho más de 200 años de experiencia mundial acumulada en cuanto a cómo lograr mediante movilizaciones, manipulaciones, falsedades, intimidaciones y presiones de todo tipo que no se cuestionen sus premisas, ellos logran convencer porque sus argumentos son lógicamente válidos, pero no son sólidos porque sus premisas y, en consecuencia sus ideologías y sus narrativas, son demostrablemente falsas.

44. Las **ideologías** son intrínsecamente simplistas y entronizan alguna idea abstracta y niegan las múltiples perspectivas y razones que se les oponen y su propósito es ofrecer una combinación de certeza de dirección para los que se identifican con ella y dar respuesta a cualquier problema. Por regla general las ideologías

son militantes y cuando se entronizan en el poder cuentan con algún cuerpo que le imprime dirección y funciona como vanguardia que puede depender de un líder o de un cuerpo colegiado.

45. **La ideología del partido de vanguardia** es la que tienen los partidos de inspiración marxista, de que están llamados a dirigir de manera vertical y con una dictadura absoluta la transformación de las relaciones económicas, sociales y culturales de la sociedad a fin de establecer el socialismo por la fuerza. Se caracterizan por la destrucción de la propiedad privada o la subordinación de esta a los dictámenes del partido y por la violencia extrema en contra de los obreros y campesinos que no aceptan la expropiación de sus bienes o protestan en contra de la supuesta vanguardia. Tienen cero tolerancia por las manifestaciones sociales y las marchas independientes de origen popular.

46. Entre las **ideas abstractas** que más comúnmente abusan los ideólogos y luego tratan de imponer con la fuerza policial y todo el poder coercitivo del Estado y si hace falta con la violencia de fuerzas irregulares, están las de igualdad, fraternidad, género, grupo, pueblo, identidades de nueva cuña para crear conflictos sociales, la historia y algunos derechos humanos inventados. En todos los casos se aferran a la idea que entronizan dejando de un lado los principios y las lecciones de la historia e igual que los tiranos no atienden derechos, los ideólogos no atienden razones.

47. Los gobiernos de corte totalitario a menudo se llaman socialistas y se basan en Carlos Marx, Lenin y Stalin. Marx era un ideólogo que promovía el odio de clases y la violencia, defendía los privilegios para los partidos que estaban llamados a imponer su ideología por la

fuerza, promovía la expropiación de los bienes de los burgueses y los de sus aliados de clase —incluyendo en la práctica los bienes de los campesinos propietarios— era enemigo declarado de los derechos humanos naturales individuales y subordinaba al individuo al Estado.

48. Las tres principales variantes socialistas inspiradas en Marx son: I. El modelo soviético-cubano con propiedad privada limitada y persecución sistemática de las personas con propiedad privada o capaces de generar riqueza. II. El modelo de socialismo en un país como el Nacional Socialismo de Adolfo Hitler con propiedad privada, pero con la actividad privada aliada o subordinada al partido y al *führer*. III. El socialismo del siglo XXI o del Foro de São Paulo, que es una mezcla de los dos anteriores.

49. Este tipo de **socialismo** del siglo XXI destruye el sistema de precios relativos que es el que incentiva que los recursos vayan a su mejor uso, los aumentos en la productividad, la innovación tecnológica, la actividad empresarial que no depende del favor del gobierno, la acumulación de capital a todo nivel, la creación de empleos productivos, la ética del juego limpio en las transacciones comerciales y una cultura de cooperación social voluntaria que se apoya en la inclusión ciudadana. Bajo este socialismo, tanto la creación de empleos como la asignación de recursos, las rentabilidades sobre los capitales invertidos las deciden de manera política el partido o el dictador y sus compinches. Este sistema se basa en premisas falsas porque niega la dignidad intrínseca del ser humano, es enemigo de la libertad y destruye el sistema de precios relativos.

50. Algunos socialistas emocionales dicen que lo son porque han comprado la falsa idea de que este sistema favorece la igualdad. Nada más falso, porque el partido vanguardia, el dictador y sus compinches políticos y de negocios no comparten la miseria que este sistema le impone a toda la población, las mejores oportunidades de empleo se reservan para los que gozan de la protección de algún compinche y el sistema clientelista de distribución en que se basan es de naturaleza desigual. Bajo el socialismo no hay derechos ciudadanos frente al poder y todo se politiza. Estos socialistas afirman falsamente que cuando se logre aplicar bien su sistema cada persona aportará según su capacidad y recibirá según su contribución y que el problema es que nunca se ha aplicado bien.

51. Por otro lado, la igualdad es un concepto abstracto sin sentido que es incompatible con la libertad porque la eliminan cuando aplican la represión para igualar en la miseria a todos los que no son parte del partido de vanguardia o compinches políticos o de negocios. La igualdad ante la ley y la igualdad de oportunidades frente al Estado son los dos principios liberales centrales que los socialistas rechazan.

52. En todos los casos este socialismo únicamente ha traído destrucción de la infraestructura, confiscaciones, destrucción de la familia, conflicto social, hambre, pobreza, migración forzada, dictadura, corrupción, concentración de todos los poderes en el líder o en el Poder Ejecutivo, elecciones falsas, guerras y muertes.

53. El gobierno de Nicaragua se enmarca dentro del socialismo del siglo XXI puesto que la Constitución Política reconoce que sigue «ideales socialistas», acepta las líneas rojas necesarias para la ausencia de inclusión

política, relativiza la importancia de la inclusión social y se apoya en los empresarios compinches del régimen.

54. La primera gran expresión del totalitarismo ideológico fue durante la Revolución Francesa cuando Maximilien Robespierre dirigía el Comité de Sanidad Pública de los Jacobinos, a quien no le importó sacrificar los derechos humanos naturales individuales de decenas de miles y pasar por la guillotina a los que se le oponían, o por sus intereses se les podían oponer, con tal de intentar imponer el concepto abstracto de la república de la virtud.

55. En la extinta Unión Soviética, Lenin despreciaba al ser humano concreto y nunca toleró la oposición, lo mismo ocurrió con Stalin, Hitler, Castro y Chávez, entre otros, aunque este último tuvo decenas de votaciones mientras negaba la inclusión política de los ciudadanos y ya sabemos que no basta con elecciones periódicas para tener institucionalidad democrática.

56. Otra amenaza al paradigma de la libertad son los **progresistas**, que tienen simpatías culturales marxistas, pero rechazan el socialismo marxista. Ellos suponen que es cierta la ideología errónea de que la humanidad es un ente abstracto que necesariamente avanza en sentido positivo. Como ellos observan que este supuesto avance necesario es muy lento, tratan de apurar la cosa usando la fuerza policial y el poder coercitivo del Estado para imponer sus ideas abstractas.

57. Para los **idealistas** lo que vale son las ideas y no su contraste con la realidad. No comprenden los alcances y las diferencias entre *vita contemplativa* para pensar y proponer y *vita activa*, para deliberar y actuar. Cuando tienen el poder los idealistas causan un gran daño porque también están dispuestos a usar la fuerza

policial y el poder coercitivo del Estado para imponer su ideología y como el obstáculo que encuentran son personas concretas con derechos humanos naturales individuales no tienen reparo en sacrificarlos.

58. Las **utopías**, un concepto privilegiado por los socialistas, son destructivas porque no son realizables ya que están conformadas por premisas y creencias incompatibles entre sí, contrarias a las lecciones de la historia y la naturaleza humana y opuestas a los derechos humanos individuales naturales.

59. El paradigma del socialismo del siglo XXI tiene las siguientes características centrales: I. La concentración en el Poder Ejecutivo de los poderes Legislativo, Judicial y Electoral. II. La destrucción de las autonomías municipales, la democracia interna en los partidos políticos y todos los mecanismos pro transparencia y anticorrupción. III. La creación por parte del Poder Ejecutivo de un mecanismo *ad hoc* de consenso de las políticas administrativas y de las leyes que tiene como eje a un grupo pequeño de empresarios seleccionados por el Poder Ejecutivo para que apoyen esta inmoderada concentración de poder a cambio de privilegios judiciales, administrativos, fiscales, arancelarios, cuasi legislativos y cuasi judiciales. Se trata de una utopía destructiva e irresponsable que eventualmente explota porque la ciudadanía enfrenta un gobierno despótico e incompatible con sus derechos humanos individuales y sus ansias de libertad y prosperidad.

60. El **providencialismo** en su expresión política consiste en negar el papel de los seres humanos como los sujetos en la historia y en suponer que lo importante que pasa en la política es parte de un plan providencial.

61. El **historicismo**, una teoría importante para los Marxistas, sostiene que la historia se desarrolla según leyes.

62. Los gobiernos autoritarios y totalitarios se han aprovechado del providencialismo y del historicismo para relativizar sus violaciones de los derechos humanos naturales e individuales y del fatalismo ciudadano que acompaña a estas dos teorías sin fundamento.

63. Los **demagogos** se alimentan de sobresaltos, son incapaces de proponer soluciones sensatas o de exponer los problemas y obstáculos existentes; rechazan la evidencia y los razonamientos lógicos, saltan de la pasión a la acción política, y atacan las soluciones que tienen sentido y a quienes las presentan, así que proponen mitos en su lugar. Los demagogos casi siempre son populistas y hasta ahora no existe el populismo responsable.

64. Los socialistas emigran con frecuencia a progresistas, muchas veces sin abjurar del socialismo y es necesario tener presente que estas personas continúan como esclavos de una ideología anti-institucionalidad democrática, cuyas premisas y conclusiones son demostrablemente falsas.

65. Las ideologías, las utopías y las propuestas de los demagogos son pasos en falso que es necesario evitar, por esta razón es necesario tener claridad en cuanto a la importancia de las ideas, de los principios y de la verdad; además del papel central que juega el liderazgo, para bien o para mal, en la transformación de las instituciones de un país.

Liderazgo y brújula moral

66. Los líderes creen en lo que proponen, asumen responsabilidades, tienen valentía y carácter e intentan persuadir a los ciudadanos de su punto de vista y de la importancia de alcanzar las metas que proponen.

67. En muchos casos los líderes son demagogos, ideólogos, socialistas, progresistas o defensores de la corrupción anti-institucionalidad democrática, estos líderes son dañinos.

68. No todos los presidentes son líderes y no todos los líderes son presidentes y los liderazgos son necesarios en todas las actividades humanas.

69. Los presidentes que no son líderes son presa fácil para los compinches con capacidad de capturarlos o corromperlos, porque no asumen responsabilidades, son incapaces de presentar una visión, no logran persuadir a mucha gente y con frecuencia no saben lo que quieren, o por qué lo quieren.

70. Con la institucionalidad democrática no hay ausencia de líderes ni locales ni nacionales porque la inclusión política favorece el desarrollo de todo tipo de liderazgos.

71. Una ciudadanía que goza de inclusión política, económica y social es mucho menos propensa a ser víctima de demagogos y socialistas, pero sabemos que este peligro existe y muchas veces la ciudadanía no se percata de que la elección de uno de estos personajes pone en peligro a la institucionalidad democrática.

72. En algunos casos los líderes no tienen la capacidad o la experiencia necesaria para superar los obstáculos que es indispensable vencer para alcanzar las metas

que la ciudadanía quiere, o que ellos mismos han incluido de manera demagógica en sus programas.

73. Las fallas más serias en los líderes son la falta de capacidad, la falta de conocimiento y compromiso con la institucionalidad democrática, la falta de valentía, de carácter y de brújula moral.

74. Los líderes comprometidos con la institucionalidad democrática y con brújula moral son los únicos que pueden calificar como estadistas.

75. Para pasar de la corrupción anti-institucionalidad democrática a un sistema con inclusión política, económica y social de todos los ciudadanos hace falta contar con estadistas y con partidos políticos democráticos bien organizados y con capacidad de movilización.

76. Al estadista le corresponde presentarle a la ciudadanía una visión clara y prudente sobre las acciones necesarias para superar los obstáculos que es necesario vencer para lograr la institucionalidad democrática, además debe ser capaz de lograr un consenso ciudadano suficiente alrededor de esta visión.

77. El estadista incapaz de lograr este consenso ciudadano no podrá liderar de manera exitosa el tránsito a la institucionalidad democrática, porque sin este consenso no podrá vencer la resistencia de los agentes de la corrupción anti-institucionalidad democrática.

78. Lo prudente es contar con un estadista como líder y trabajar conjuntamente para lograr un gran consenso ciudadano en respaldo de la institucionalidad democrática, porque sin este respaldo aplicaría lo que decía Nicolás Maquiavelo en *El Príncipe*, que es muy difícil introducir nuevas leyes de manera exitosa,

porque la animadversión de los que se benefician con las leyes antiguas es segura y los que se benefician con las nuevas las apoyan con indiferencia.

79. En el caso de Nicaragua esta animadversión va a venir de parte de los compinches políticos, ideológicos y económicos, por un lado, y de parte de algunos miembros de los poderes fácticos, por el otro.

80. La institucionalidad democrática es un bien público que en realidad beneficia a todos, incluyendo a los familiares de los compinches porque define el tipo de sociedad en la que les tocará vivir, producir, interactuar y desarrollarse, pero los compinches le dan más valor al sistema de corrupción antidemocrática y su oposición que valoramos como obstáculo a superar no sorprende; pero la indiferencia de los ciudadanos tendría como origen la idea de que a nivel individual y familiar serían beneficiarios gratuitos, se beneficiarían de la institucionalidad democrática sin aportar nada para lograrla y esta indiferencia únicamente se puede vencer con buenos liderazgos y con un mensaje claro y persuasivo con relación a la importancia del apoyo activo de cada uno de los ciudadanos a favor de la implementación de la institucionalidad democrática.

CAPÍTULO III

SEGUNDO ELEMENTO: PARTIDOS POLÍTICOS DEMOCRÁTICOS Y ELECCIONES LIBRES E IMPARCIALES

1. Los partidos políticos democráticos juegan un papel central en la creación y el sostenimiento de una sociedad con inclusión ciudadana e institucionalidad democrática porque estos permiten forjar liderazgos, consensuar ideas y organizar y movilizar a los ciudadanos alrededor de valores y visiones compartidas.

2. Las crisis en los países en los que se vive bajo el paradigma de los compinches con frecuencia son entre este paradigma y una versión totalitaria del mismo paradigma. Esto pasa cuando los partidos no democráticos apoyados en una minoría intransigente y no deliberante promueven ideologías, utopías o propuestas demagógicas que logran confundir, engañar o intimidar a la ciudadanía.

3. Estos partidos ideológicos y no democráticos a lo interno tratan de destruir la institucionalidad democrática existente una vez que llegan al poder y las elecciones que realizan no son conforme el método democrático.

4. Por estas razones es necesario que los ciudadanos se familiaricen con los principios de la institucionalidad democrática e inclusión ciudadana y que tengan la fortaleza moral necesaria para afrontar y superar la corrupción anti-institucionalidad democrática.

5. La probabilidad de ganar elecciones libres, imparciales y con amplio sufragio, —incluyendo a la diáspora— y mejorar la expectativa de éxito con la transición al paradigma de la libertad depende principalmente de la existencia de partidos políticos democráticos con buenos liderazgos, organizados y preparados para gobernar.

6. Los partidos políticos democráticos deben ser democráticos a lo interno, deben incluir en su programa de gobierno los elementos claves de la democracia, deben poder explicarle a la ciudadanía los obstáculos que se tendrán que enfrentar y deben poder lograr la cantidad de votos necesarios para que no haya duda de que se cuenta con el mandato ciudadano requerido para hacer una realidad esta transición al paradigma de la libertad.

7. Los retrocesos por la vía electoral de países parcialmente libres con algún grado de institucionalidad y cierto nivel de confianza en la aplicación del método democrático, a países absolutamente dominados por un gobernante o un partido ideológico y sus compinches, se deben a cuatro razones: I. La tolerancia y/o aceptación de la corrupción anti-institucionalidad democrática por parte de los gobernantes, los diputados, los partidos políticos y la ciudadanía. II. Una élite no compinche que deja de creer en ella misma y abdica de la resposabilidad de defender la institucionalidad democrática ante la falsa e interesada narrativa de los compinches políticos,

ideológicos y de negocios. III. Ideas y creencias socialistas, demagógicas o ideológicas que no se saben rebatir con la verdad sobre la verdadera naturaleza de la institucionalidad democrática por ausencia de líderes y partidos políticos organizados y democráticos. IV. Un partido totalitario e intransigente que se pone de acuerdo con los compinches políticos, ideológicos y de negocios, y con algunos poderes fácticos para impedir la transición a la institucionalidad democrática.

8. El caso base para los partidos políticos no democráticos a lo interno es que están bajo el dominio absoluto de un caudillo que cuenta con el reconocimiento y apoyo legal y financiero del Estado. Estos caudillos escogen según listas a los candidatos a diputados y a alcaldes de su partido y esperan obediencia absoluta de parte de estas personas si son elegidas. Obtienen recursos de manera oscura de los compinches de negocios y estos fondos no los reportan, gozan de impunidad o la pueden negociar con otros partidos políticos en un *quid pro quo*. Administran un sistema de protección y clientelismo con sus afiliados y cuando le consiguen empleo a alguno de ellos esperan retribución.

9. Estos partidos no democráticos a lo interno imponen y ayudan a imponer líneas rojas en contra de la inclusión política, de manera que administran mecanismos de corrupción antidemocrática y son parte de esta.

10. La capacidad de organización y de movilización a favor de la institucionalidad democrática por parte de estos partidos es muy limitada mientras no retiren a sus caudillos.

11. Los partidos políticos democráticos están organizados de manera democrática a lo interno y juegan un papel central en una sociedad democrática porque

están facultados para organizar y movilizar a sus simpatizantes en todas las comunidades, cañadas, distritos, municipios, departamentos y a nivel nacional, alrededor de principios, propuestas y programas de políticas públicas para darle respuesta de manera responsable a las preferencias ciudadanas y a las necesidades de una sociedad democrática e incluyente.

12. Tal como argumenta Elliott Abrams, los partidos políticos son necesarios para presentarles propuestas a los ciudadanos, para discutir ideas, para escuchar el sentir ciudadano a cada nivel de organización social y comunitario, para contrarrestar a nivel organizacional el peso de otros partidos, para desarrollar liderazgos y para ganar elecciones.

13. Los partidos de vanguardia están inspirados en la ideología marxista, en una ideología culturalmente marxista o en alguna versión de la supuesta república de la virtud de Robespierre, y consideran que su papel es adueñarse del Estado para imponer una utopía por la fuerza. Para lograr este objetivo inalcanzable sacrifican los derechos humanos naturales individuales a la vida, la libertad y la propiedad privada, y a cambio proponen fines políticos contrarios a la naturaleza humana e identidades y derechos de grupos como paso intermedio para negar la autonomía moral y racional de los ciudadanos y su papel central en la construcción de la institucionalidad democrática. Como ya vimos, el resultado de estos ensayos es siempre la destrucción de la economía, las emigraciones masivas y una catástrofe humanitaria.

14. A lo largo de nuestra historia ha pasado varias veces que partidos políticos que nacieron como partidos democráticos, tanto en cuanto a su organización interna

como en cuanto a los principios y a las políticas públicas que defendían, se convirtieron en no democráticos cuando una autoridad debidamente electa se adueñó del partido y decidió convertirse en compinche. Cuando un partido político tiene dueño y este dueño anula los controles internos o impone a algunas de las autoridades a nivel de cañada, o comunidad, o distrito, o municipio, o departamento, o a nivel nacional este deja de ser un partido democrático.

15. Los dueños de los partidos políticos que dejan de ser democráticos se convierten en compinches políticos y con frecuencia entran en acuerdos con otros partidos con compinches como dueños para repartirse cargos en los poderes del Estado y privilegios judiciales, legales y económicos.

16. Muchas veces hemos visto que partidos políticos cuyos afiliados son claramente de inclinación democrática se convierten en instrumentos de compinches porque no cuentan con normas de conducta adecuadas que sirvan para prevenir estas situaciones o democracia interna en el partido y porque el Consejo Supremo Electoral (CSE) se encarga de declarar nula cualquier elección interna que sea contraria a los pactos entre compinches dentro del paradigma de los compinches.

17. La degeneración de la institucionalidad de los partidos políticos generalmente resulta de que los líderes de estos partidos se colocan en una pendiente resbaladiza porque no cuentan con los cimientos o con la brújula moral adecuada y empiezan omitiendo procedimientos y realizando acciones incompatibles con la ética y luego optan por ser compinches. Esto lo racionalizan ante sus bases partidarias con argumentos amorales como que esto era necesario para atender los intereses

de algún miembro o contribuyente importante, porque el partido debe perpetuarse en el poder, porque es la manera de perjudicar a otro partido democrático, porque quieren aplicarle proscripciones y confiscar los bienes y derechos de algún adversario, para asegurar a largo plazo la presencia de sus afiliados en los poderes del Estado, para politizar la justicia o para intentar tapar actos de corrupción.

18. Estos pactos entre compinches, que algunas veces toman la forma de coaliciones electorales con partidos que abiertamente adversan el paradigma de la libertad, ocurren cuando los partidos no son democráticos a lo interno, permiten la continuación indefinida en el cargo de los secretario generales o presidentes, no hay normas apropiadas que exijan la transparencia en cuanto a fuentes y usos de fondos y con relación a todas las actuaciones y omisiones del partido, o cuando los nombramientos a la Corte Suprema de Justicia (CSJ) y a los órganos de investigación son en realidad partidarios, y cuando los diputados y concejales están obligados a la disciplina partidaria, ya sea por su mecanismo de elección o por los requisitos para mantenerse en el cargo.

19. Estos pactos basados en la corrupción antidemocrática le cierran las puertas a la actividad democrática, le restan legitimidad a los resultados de las elecciones y constituyen un verdadero obstáculo al Estado de Derecho, la libertad económica, un gobierno constitucional y limitado y la democracia liberal.

20. El segundo elemento clave de la democracia es la renovación democrática inmediata de los partidos políticos mayoritarios que están bajo el dominio de un caudillo. Esto implica retirar al caudillo y a sus

cómplices, la adopción de normas democráticas a lo interno, abandonar la defensa de las líneas rojas en contra de la inclusión ciudadana y que su nuevo liderazgo se comprometa de manera clara en contra de la corrupción anti-institucionalidad democrática en todos sus aspectos. En caso que estos partidos de origen democrático continúen dominados por caudillos necesariamente pasarán a la irrelevancia porque no es posible defender lo opuesto de lo que se practica.

21. Como complemento a la renovación democrática de los partidos de origen democrático se debe crear una coalición amplia entre los partidos democráticos con una candidatura presidencial común seleccionada mediante elecciones primarias, sin participación de los poderes fácticos y dejando fuera a los partidos no comprometidos con la implementación de los elementos claves de la democracia.

22. En caso de que la próxima elección fuera para Asamblea Nacional Constituyente la unidad de los partidos democráticos es aún más importante, especialmente en lo que respecta a la unidad de criterios con relación a los compromisos de vencer los mecanismos antidemocráticos de corrupción y asegurar la transición a la institucionalidad democrática.

23. El otro requisito para este segundo elemento clave de la democracia son las elecciones libres, imparciales, con amplio sufragio incluyendo a la diáspora, con verdadera inclusión política y de acuerdo con el método democrático.

24. Para que la elección de los diputados y alcaldes goce de verdadera legitimidad democrática es necesario que exista una relación estrecha entre los votantes de una circunscripción y sus representantes. La manera de

lograrlo, tal como se verá en el capítulo que sigue, es que en cada circunscripción la elección para miembros de la Asamblea Nacional, alcaldes y concejales sea directa para cada candidato y no conforme a listas cerradas presentadas por los partidos políticos.

CAPÍTULO IV

TERCER ELEMENTO: GOBIERNO CONSTITUCIONAL Y CON PODERES DEL ESTADO LIMITADOS A CIERTAS ATRIBUCIONES ESPECÍFICAS

1. Un gobierno constitucional y limitado en sus acciones a las atribuciones específicas contenidas en una Constitución Política basada en la democracia representativa, la separación e independencia de poderes, el respeto absoluto a los derechos humanos naturales e individuales a la vida, la libertad y la propiedad privada.

2. Las constituciones de democracia directa no ofrecen ninguna protección efectiva para los derechos humanos naturales e individuales frente a una mayoría legislativa o frente a los agentes de la corrupción anti-institucionalidad democrática.

3. Las constituciones de la época moderna que equiparan a la democracia directa con la democracia representativa y que crean ambigüedad en cuanto al efecto coercitivo de las normas que se derivan de la una o de la otra, son mecanismos que utilizan los gobernantes totalitarios

y autoritarios y sus compinches para subordinar a la ciudadanía a sus ideologías y a sus intereses.

4. En un gobierno constitucional y limitado existen seis protecciones fundamentales para impedir que el gobierno disponga para sus propios fines de las personas o de las propiedades de los ciudadanos: I. Los poderes del Estado están constitucionalmente limitados a ciertas atribuciones específicas. II. Cada uno de los poderes del Estado necesita de la cooperación de los otros poderes para cumplir con sus atribuciones. III. El Estado de Derecho. IV. Los derechos humanos naturales e individuales con todas sus implicaciones con relación a los derechos retenidos por los ciudadanos y no expuestos al riesgo de que alguna mayoría legislativa pueda ir contra ellos. V. Las garantías procesales al *Habeas Corpus*, al debido proceso y a juicios ante jurados de iguales, entre otras. VI. La revisión judicial a petición de parte de las leyes y de los actos administrativos que podrían atentar contra el Estado de Derecho o las libertades ciudadanas reconocidas en la Constitución.

5. Este gobierno constitucional y con límites tiene que ver con el cómo se gobierna, con los derechos humanos naturales e individuales y con la inclusión ciudadana y este cómo se gobierna necesariamente debe ser con una Constitución Política conforme con el paradigma de la institucionalidad democrática porque de otra forma es imposible salir del paradigma de los compinches.

6. Para asegurar la separación e independencia de los poderes del Estado y que los poderes del Estado en el cumplimiento de sus funciones no se extiendan más allá de las atribuciones específicas que la Constitución les ha delegado, es necesario que existan instituciones apropiadas para impedir la corrupción

anti-institucionalidad democrática y que exista una masa crítica de ciudadanos y una opinión pública atenta, que vigile, avale y defienda la obediencia absoluta a estas normas.

7. A lo largo de nuestra historia hemos visto que el Poder Ejecutivo ha asumido atribuciones que no le han sido delegadas por la Constitución Política y que ha subordinado a los otros poderes del Estado, todo esto con el apoyo de poderes fácticos no sujetos a elecciones periódicas e interesados en privilegiar sus intereses a expensas del resto de los ciudadanos y esto explica que se haya implantado en Nicaragua el modelo de corrupción anti-institucionalidad democrática.

8. No es suficiente contar con una Constitución Política basada en el paradigma de la institucionalidad democrática, es necesario que esta se cumpla y por esto es necesario identificar los obstáculos que se presentarán de manera recurrente hasta que las nuevas normas se conviertan en la manera en que las cosas se hacen en realidad en el día a día.

9. Los dos obstáculos más importantes en lo que respecta al Poder Judicial son: I. La verdadera independencia del Poder Judicial. II. El cumplimiento de las sentencias judiciales con el apoyo claro del poder coactivo del Estado.

10. La corrupción anti-institucionalidad democrática es la razón por la que los poderes judiciales no son independientes y las sentencias no se cumplen cuando tocan los intereses de los compinches políticos, ideológicos y de negocios del régimen o los de sus aliados en los poderes fácticos.

11. La evidencia de que se está afianzando el paradigma de la institucionalidad democrática se podrá encontrar

en las mejorías en los indicadores de inclusión política, económica y social de los ciudadanos y estas mejorías no se podrán dar si el Poder Judicial no es independiente, o si las sentencias se cumplen de manera selectiva.

12. La batalla por la independencia del Poder Judicial y porque el Poder Ejecutivo haga cumplir las sentencias firmes se va a dar en los casos en los que esta independencia o el cumplimiento de las sentencias ponga en peligro los mecanismos de corrupción antidemocrática.

13. Es necesario tener tolerancia cero con relación a la falta de independencia del Poder Judicial y con relación al cumplimiento de las sentencias firmes y que sean procesados los infractores, porque con los éxitos se van afianzando las normas, los ciudadanos dejan de tolerar las infracciones y se va construyendo un círculo virtuoso.

14. Con relación a la **inclusión política** debemos esperar batallas en el Poder Legislativo con relación a: I. La igualdad ante la ley. II. El reconocimiento en toda la legislación ordinaria del derecho constitucional al debido proceso. III. La igualdad de oportunidades frente al Estado. IV. El padrón electoral. V. El voto de la diáspora. VI. La independencia de los gobiernos municipales. VII. La democracia interna y la organización y autoridades de los partidos políticos. VIII. Las leyes que norman los procedimientos para la autorización de marchas ciudadanas cuyos representantes puedan llegar sin obstáculos hasta la puerta de la Asamblea Nacional. IX. El derecho de los ciudadanos, de los medios de comunicación, los partidos políticos, los centros de pensamiento, organizaciones gremiales y sindicales y organizaciones no gubernamentales de opinar y ser

escuchados con relación a las políticas públicas. X. La transparencia en tiempo real de las actuaciones de los funcionarios públicos. XI. La transparencia absoluta y en tiempo real con relación al marco regulatorio y a las conductas de la Policía Nacional y de las delegaciones municipales de la Policía. XII. Los intentos de los poderes fácticos por dominar la agenda política. XIII. El cumplimiento de las normas de la Constitución Política en general.

15. En lo que respecta a la **inclusión económica** las batallas se centrarán en: I. La seguridad jurídica. II. La firmeza de los derechos contractuales. III. La firmeza de los derechos de propiedad privada. IV. La igualdad ante la ley. V. La ley de reconocimiento de los derechos ciudadanos de dominio, enajenación y herencia para su casa de habitación en los casos en que reúnen los requisitos de ley para la posesión. VI. Las leyes para simplificar los costos de transacción propios de la formalidad económica y la creación de incentivos apropiados y transparentes, con el propósito de superar la ausencia de inclusión económica de muchos ciudadanos. VII. La existencia de una infraestructura crediticia que les brinde a todos ciudadanos oportunidades de acceso con condiciones competitivas. VI. Igual protección legal y debido proceso para todos los ciudadanos. VII. La calidad del registro público único e integrado y la disponibilidad en paralelo de mecanismos en tiempo real basados en la tecnología moderna para garantizar sistemas distribuidos y el encadenamiento de los derechos de propiedad para garantizar su inmutabilidad. VIII. Igualdad de oportunidades frente al Estado. IX. La capacidad de los ciudadanos de obtener de manera oportuna la rendición de cuentas, la rectificación, el

castigo y la indemnización por los abusos cometidos por parte de los gobernantes y de sus compinches. X. Absoluta transparencia con relación a los subsidios y privilegios existentes. XI. La anulación de los subsidios y privilegios de los compinches políticos, ideológicos y de negocios.

16. Los bienes y servicios que obtienen los ciudadanos como parte de la inclusión social en un país son en parte función del tamaño del Presupuesto General de la República y el tamaño de este presupuesto como porcentaje del Producto Interno Bruto (PIB), tal como se verá más adelante, debe tener un nivel máximo para no afectar de manera negativa la inclusión política y la inclusión económica.

17. La obligación que impone el compromiso de inclusión social no depende del tamaño del presupuesto, de manera que deben tener igualdad de oportunidades frente al Estado todos los ciudadanos de las zonas rurales y urbanas en lo que respecta a la firmeza de los derechos de propiedad privada y con relación a las infraestructuras de energía, agua potable, asistencia sanitaria, educativa, cultural, virtuales y de transporte, aunque el ritmo con el que esta obligación se cumple sí es función del tamaño y de las prioridades del Presupuesto General de la República.

18. Hoy en día es mucho más fácil asegurarse de que todos los ciudadanos estén incluidos y tengan acceso a los bienes y servicios públicos que brinda el Estado gracias al control individualizado y en tiempo real que permiten las plataformas tecnológicas.

19. Con el apoyo de estas plataformas se debe llevar control de los niveles de inclusión social y asegurarse de que todos los ciudadanos cuenten con titulación e

inmutabilidad con relación a sus derechos de propiedad privada, las vacunaciones incluidas en los programas financiados por el Estado, la atención debida con relación a los servicios médicos incluidos, educación pública de calidad con apoyo alimenticio y por igual en las zonas urbanas y rurales, y acceso a un estándar adecuado de infraestructura eléctrica, de agua potable y de transporte.

20. Esta inclusión social exige vencer grandes obstáculos y no es tarea fácil, aunque sí necesaria, porque se trata de pasar del paradigma de los compinches en el que los ciudadanos no lo son en la realidad, sino que más bien son súbditos, porque carecen de inclusión ciudadana, al paradigma de la institucionalidad democrática en la que la unidad básica es el ciudadano que cuenta con el reconocimiento y respaldo del Estado para su inclusión política, económica y social.

21. Nicaragua siempre ha estado dominada por el paradigma de los compinches, por esto la inclusión social está muy rezagada y se debe atender con diligencia, pero también con prudencia con relación a su implementación y a los mecanismos y criterios de seguimiento, transparencia y peticiones ciudadanas que debe establecer la Asamblea Nacional para asegurar la vigencia de esta inclusión.

22. Entre abril y junio del año 2018 en las marchas y manifestaciones cívicas más importantes de la historia de Nicaragua, la gran mayoría de los ciudadanos nicaragüenses le hicieron saber al gobierno de Nicaragua y al mundo que querían vivir bajo normas de libertad y que exigían una consulta popular, y como la soberanía reside en los ciudadanos, esta petición debe ser atendida conforme los mecanismos establecidos en la Constitución Política.

23. Como la Constitución Política de 1987, ya con nueve reformas parciales, es incompatible con las normas de libertad con las que quiere vivir la ciudadanía, uno de los mecanismos de consulta popular alternativo a elecciones presidenciales que se podría instrumentar de inmediato es la de reforma total de la Constitución Política.

24. Conforme con el artículo 191 de la Constitución Política, esta iniciativa de reforma total corresponde a la mitad más uno de los diputados de la Asamblea Nacional y, según el artículo 192, una comisión especial la deberá dictaminar en un plazo menor o igual a 60 días.

25. Según los artículos 193 y 194, con la aprobación de dos tercios del total de los diputados la Asamblea Nacional fija un plazo para la convocatoria de elecciones de Asamblea Nacional Constituyente, y esta, una vez instalada sustituye a la Asamblea Nacional, pero la Constitución Política continúa vigente hasta que la Asamblea Constituyente promulgue la nueva Constitución Política.

Los cambios necesarios en la Constitución Política para el paradigma de la libertad

26. La Constitución establece que la soberanía reside en el pueblo y debería de leer que la soberanía reside en los ciudadanos, que en calidad de mandantes eligen a sus representantes ante la Asamblea Constituyente, de manera que la nueva Constitución Política, una vez promulgada, pasa a ser la expresión concreta de la soberanía.

27. Contrario a lo que ocurría en sistemas absolutistas como el de Luis XIV de Francia, por ejemplo, que declaraba «El Estado soy yo», en los sistemas de democracia representativa con constituciones diseñadas para preservar la libertad, la ciudadanía siempre conserva su calidad de mandante y los diputados y el Poder Ejecutivo son meros representantes del mandante que están obligados a desempeñar sus funciones sin extralimitarse con relación a las funciones que les han sido delegadas y cumpliendo a cabalidad con todos los mandatos contenidos en la Constitución Política.

28. Es necesario que la Constitución Política cuente con los mecanismos y las seguridades necesarias para preservar intacta esta relación de poder entre ciudadanos-mandantes y gobernantes- representantes, pero no basta, porque esta Constitución Política únicamente se podrá mantener si se mantiene la voluntad indomable de la ciudadanía de vivir en libertad y no tolerar abusos de parte de sus representantes.

29. En el momento en que la ciudadanía-mandante se empieza a descuidar, los representantes empiezan a ceder a las presiones y amenazas de los compinches políticos, ideológicos y de negocios. A cambio de estas cesiones los representantes exigen el apoyo de estos compinches para perpetuarse en el poder, politizar la justicia y profundizar un sistema de privilegios, exclusiones y corrupción; y al principio poco a poco y después con gran rapidez, se destruye la relación sana entre mandantes y representantes y se afianza de nuevo el paradigma de los compinches políticos, ideológicos y económicos. La mejor manera de impedir la constante repetición de estos círculos viciosos es

con la implantación correcta y diligente de los siete elementos claves de la democracia.

30. El tema de los partidos políticos tiene una importancia central en la construcción de estos elementos, ya que la ambición y ausencia de virtudes de muchos políticos no tiene límite y debemos contar con los mecanismos necesarios para asegurar que los partidos políticos sean democráticos a lo interno y que su conducta sea conforme normas que no sean una amenaza para el paradigma de la institucionalidad democrática.

31. El círculo virtuoso que proponemos presupone una verdadera separación e independencia de los poderes del Estado, que deben limitarse a tres: Ejecutivo, Legislativo y Judicial, por una parte; y el principio de la subsidiaridad, que juega un papel importante en la doctrina social de la Iglesia Católica y es principio rector de la Comunidad Económica Europea, que significa que los niveles más altos del gobierno, digamos el gobierno central, no debe tener bajo su responsabilidad labores que niveles más bajos del gobierno, digamos alcaldía o gobiernos distritales, pueden desempeñar.

32. El Barón de Montesquieu estaba convencido de que las personas con investiduras de poder tienden a abusar de este poder y lo que yo conozco de la naturaleza humana, lo que he observado y lo que he aprendido tratando de extraer lecciones de la historia es que esto es cierto. Para Montesquieu, y para mí también, la conclusión lógica es que el poder debe controlar al poder o como decía James Madison, que se inspiró en Montesquieu, la ambición debe contrarrestar a la ambición.

33. Añadía Montesquieu que una situación en la que la misma persona o el mismo grupo de personas ejercen estos tres poderes, promulgar leyes, ejecutar y hacer

ejecutar las resoluciones públicas y juzgar en las causas de conflicto entre individuos, esto es el acabose. Y el paradigma de los compinches es esta catástrofe porque el mismo grupo de personas, los compinches políticos, ideológicos y de negocios ejercen estos tres poderes de manera directa desde el gobierno, por medio de partidos políticos y organizaciones gremiales dominadas por compinches o por medio de pactos y acuerdos entre compinches.

34. La forma de gobernar de los partidos totalitarios, ideológicos y de vanguardia consiste en que el mismo grupo de personas, los dirigentes del partido y sus militantes destacados, deben ejercer la mayoría del control sobre estos tres poderes en su calidad de compinches ideológicos y que deben reservar una parte no material de estos poderes para los compinches políticos y de negocios ya que sin ellos no podrían ni llegar al poder ni mantenerlo. Y como esto es el acabose, esta forma de gobernar lleva necesariamente a la ruina, tal como ocurre en mayor o menor grado, en todos los casos en los que se instala el paradigma de los compinches.

35. Tal como hemos visto, para hablar de institucionalidad democrática en el plano constitucional son indispensables lo siguientes requisitos: I. Que la Constitución Política reconozca los derechos humanos naturales e individuales a la vida desde la concepción hasta la muerte natural, a la libertad individual y a la propiedad privada como anteriores a la misma Constitución Política y como inviolables independientemente de cualquier mayoría legislativa. II. Que se reconozca y respalde a los ciudadanos como los sujetos activos del método democrático. III. Que se reconozca y respalde

a los representantes como los sujetos activos de las decisiones en el gobierno y que están limitados por las atribuciones que les delega la Constitución. IV. Un gobierno constitucional y limitado en sus acciones a las atribuciones específicas contenidas en una Constitución Política basada en la democracia representativa. V. Que los diferentes poderes del Estado necesitan de los otros poderes para cumplir con sus atribuciones.

36. Uno de los criterios más importantes para garantizar que la separación e independencia de poderes —Ejecutivo, Legislativo y Judicial— sea efectiva es que no se pueda suponer ninguna coordinación armoniosa entre estos poderes ya que esto supone que hay un director de orquesta que encadena las acciones de estos poderes y esto es incompatible con preservar el Estado de Derecho y las libertades ciudadanas.

37. Este director de orquesta en la práctica pasa a ser el Poder Ejecutivo y cuando esto ocurre, el poder real del Poder Ejecutivo pasa a ser mayor que su poder constitucional y una vez establecido este desbalance, en poco tiempo y por medio de maniobras impropias, el Poder Ejecutivo anula a los otros poderes y convierte la Constitución Política en papel mojado y luego la modifica para institucionalizar la agenda de corrupción anti-institucionalidad democrática, como tantas veces ha pasado en nuestro país.

38. Para que la separación e independencia de los poderes funcione en la práctica y no sea un mito, existen dos condiciones necesarias: I. Cada poder del Estado debe tener poderes que le permitan frenar a los otros poderes del Estado. II. Cada uno de los poderes del Estado debe necesitar de los otros poderes para cumplir con algunas de sus funciones.

39. El origen de la fuerza del Poder Legislativo es el poder del dinero que lo debe facultár a originar, discutir, supervisar, investigar y aprobar todo lo relacionado con el Presupuesto General de la República.

40. El papel del Poder Ejecutivo es como el nombre lo dice, ejecutar este presupuesto y debe jugar un papel completamente secundario al Poder Legislativo en lo que concierne a su contenido y a la discusión de las partidas que lo conforman.

41. La razón por la que como parte de la inclusión política incluimos el derecho de los ciudadanos a marchar conforme a la ley hasta las puertas del Poder Legislativo, de manera que sus representantes puedan dialogar con los representantes de este poder y no contemplamos que puedan ir a la presidencia, es debido a que la competencia sobre los presupuestos y sobre la vigilancia con relación a su ejecución son funciones del Poder Legislativo y no del Poder Ejecutivo.

42. Las personas que han ocupado altos cargos en la administración pública son responsables de manera personal y con sus bienes por los delitos cometidos en el ejercicio de su cargo y no podrán pasar a ocupar cargos en las empresas privadas con las que hayan tratado en cumplimiento de las funciones de su cargo público.

43. El Poder Legislativo debe tener la facultad constitucional de interpelar en cualquier momento y conforme los procedimientos de ley a los ministros, superintendentes y directores de entes autónomos y al presidente y vicepresidente.

44. El Poder Legislativo debe aprobar los nombramientos a cargos de relevancia dentro del Poder Ejecutivo, superintendencias y entes autónomos. Estos deben

aprobar formalmente las políticas públicas que impulsan sus superiores, incluyendo la aprobación del ministro del ramo para cada una de las políticas públicas que autorice el presidente.

45. En el paradigma de los compinches hemos observado que algunos ministros o superintendentes después de aceitar los mecanismos de corrupción antidemocrática y actuar como esbirros del déspota de turno o de sus compinches, intentan esconderse con la idea de que no son responsables de sus actos porque están obligados a la **«obediencia debida»**.

46. Esta idea de la **«obediencia debida»** no tiene cabida en el paradigma de la institucionalidad democrática y tampoco lo tienen las ideas de impunidad que se esconden detrás de las normas de inmunidad que siempre acompañan a la corrupción anti-institucionalidad democrática.

47. Ningún funcionario del Poder Ejecutivo, con excepción del presidente, debe gozar de inmunidad con relación a situaciones que ocurrieron antes de que asumiera su cargo, ni con relación a delitos contra la institucionalidad democrática que ocurran mientras ejerce su cargo.

48. La Contraloría debe jugar un papel preventivo en el paradigma de la libertad. La delegación de esta en cada ministerio, superintendencia y ente autónomo debe pre autorizar las erogaciones, adjudicaciones y actos que afecten a terceros para ayudar a impedir la corrupción antidemocrática en estas actividades.

49. Como los ministros del ramo deben aprobar las actuaciones del presidente, el ministro puede ser interpelado y destituido por el Poder Legislativo o sometido a juicio por un ciudadano, aunque el presidente tenga que ir a juicio político al Poder Legislativo sin

que esto detenga la causa en contra del funcionario público.

50. El Poder Legislativo debe aprobar el presupuesto, la jurisdicción del Poder Judicial y las leyes que aplica el Poder Judicial y le quedan además al Poder Legislativo la interpretación auténtica de la ley y la facultad de destituir mediante juicio político a los magistrados de la Corte Suprema de Justicia (CSJ).

51. Un tema central para preservar la libertad es que las decisiones judiciales firmes sean vinculantes para casos futuros, de manera que los ciudadanos gocen de mayor seguridad jurídica. Esto se puede lograr aprovechando el principio de cadenas de bloques y libros mayores distribuidos para que los ciudadanos puedan conocer estas decisiones y apoyarse en ellas.

52. Una de las mejoras formas de involucrar a la ciudadanía en una democracia representativa es con los jurados para que estos determinen la existencia o no de los supuestos de hecho en los juicios civiles y penales.

53. Para que la institución de los jurados tenga sentido práctico y obtenga el respeto necesario de parte de los ciudadanos es preciso que los miembros del jurado en cada caso sean semejantes en estatus a la persona acusada en un juicio penal y a las partes en un juicio civil.

54. La Constitución Política tiene que ser pequeña en tamaño y totalmente clara en cuanto a su contenido, de manera que cualquier niño de siete años pueda entender los derechos humanos naturales e individuales, que la soberanía reside en los ciudadanos, la centralidad de la inclusión política, económica y social de cada uno de los ciudadanos; y las facultades de los distintos poderes, la manera en que cada uno de los poderes necesita de

los otros poderes para descargar sus funciones y que las violaciones a la Constitución Política son violaciones contra la soberanía nacional.

55. Es viable preservar la institucionalidad democrática e impedir que uno o varios líderes de partidos políticos logren montar una conspiración exitosa en contra de la Constitución Política, cuando la ciudadanía entiende, vigila y defiende la efectiva y real independencia y separación de poderes, además los partidos dominantes son democráticos y se comportan con libertad y con democracia a lo interno y están dispuestos a pagar el precio de defender la inclusión ciudadana.

56. Por otro lado, cuando las diputaciones, concejales y otros cargos de elección popular directa son propiedad del elegido y no con base a listas propuestas por el partido, ni por cociente electoral, se crea el necesario ambiente de debate, propuestas, negociación y análisis que debe existir, así se logra desterrar la idea de que los diputados y concejales de un partido siguen órdenes del partido. Para afianzar esto es necesario que la Constitución Política descarte la idea de los suplentes.

57. Si bien el tema electoral se debe atender con transparencia desde una Comisión Nacional Electoral y no desde un poder del Estado, el Poder Legislativo debe ser bicameral, con un Senado y una Cámara de Diputados para mayor protección de la libertad y la inclusión ciudadana y como parte del mismo poder el Senado y la Cámara de Diputados sí deben tener mecanismos de coordinación.

58. La Constitución Política debe establecer los mecanismos necesarios para garantizar el principio de subsidiaridad, de manera que las municipalidades y distritos cuenten

con independencia verdadera en lo que respecta a las atribuciones que se les delegan de manera específica.

59. Con la separación del Poder Legislativo en dos cámaras y la independencia personal de senadores y diputados que han sido elegidos por su buen criterio, se refuerza el espíritu de respeto mutuo que debe existir entre los senadores y entre los diputados.

60. Este nivel de autoridad y responsabilidades para diputados y senadores debe venir con una distribución de sillas apropiada en el hemiciclo de manera que tanto los diputados, como los senadores puedan verse las caras en sus respectivas cámaras o en las comisiones para diversos temas, mientras hay intervenciones o votan.

61. Si el Poder Ejecutivo quiere promover una ley tendrá que negociar con los diputados y senadores, independientemente del partido al que pertenezcan. No hay duda de que esto hace más lento el proceso de aprobación de leyes, pero estas serán mucho mejores y se trata de un precio relativamente bajo comparado a las enormes ventajas que tiene el hecho de afianzar el paradigma de la libertad.

62. Los poderes fácticos que quieran impulsar leyes en contra de la inclusión ciudadana no lo van a lograr fácilmente, porque van a necesitar que los órganos de investigación no detecten en la propuesta de ley alguno de los mecanismos de corrupción antidemocrática, además la aprobación del Senado, de la Cámara de Representantes, del Poder Ejecutivo y por último que el Poder Judicial no concluya, a petición de parte, de que alguno de los artículos de la esta ley viola la Constitución Política.

63. Otro mecanismo importante, y adicional, para impedir la aprobación de malas leyes, que atenten contra las libertades consignadas en la Constitución Política o en contra del Estado de Derecho, es la creación de un cuerpo consultivo dentro del Senado que revisaría la constitucionalidad de las leyes bajo consideración antes que sean sometidas a votación en el Senado.

64. El número de diputados en vez de 92, como es en la actualidad, debe ser un número menor y debe corresponder un diputado para un número preestablecido de votantes en cada circunscripción, tal vez un máximo de 50 y sin suplentes, como hemos dicho. Los senadores deben ser dos por departamento con independencia del número de personas que tenga el departamento.

65. El poder de imponer impuestos, que constitucionalmente debe excluir exoneraciones, exenciones y privilegios, debe descansar exclusivamente en el Poder Legislativo y el presidente, igual que cualquier diputado, tiene iniciativa de ley en este tema, pero bajo ningún punto se le delegará al Poder Ejecutivo la concesión de privilegios fiscales, exenciones o exoneraciones.

66. En la Constitución Política vigente el Poder Ejecutivo tiene poderes cuasi legislativos en cuanto a la aprobación de la ley del Presupuesto General de la República. El artículo 150 numeral 5 establece que es atribución del presidente elaborar el proyecto de ley de este presupuesto y presentarlo para su aprobación a la Asamblea Nacional.

67. Naturalmente que la facultad de elaborar el proyecto de ley del Presupuesto General de la República debería ser atribución de la Asamblea Nacional, tal como establece para las leyes en general el artículo 138, numeral 1 que estipula como atribución de esta: «Elaborar y aprobar

las leyes y decretos, así como reformar y derogar los existentes».

68. Sin embargo, este mismo artículo 138, numeral 6 estipula como atribución de la Asamblea Nacional «conocer, discutir y aprobar el Proyecto de Ley Anual de Presupuesto General de la República y ser informado periódicamente de su ejercicio», es decir, en la Constitución Política actual la Asamblea Nacional no tiene ningún poder para no aprobar el Poder Ejecutivo, pero el Poder Ejecutivo decide los salarios y prestaciones de los diputados.

69. Ante la ausencia de capacidad de poder del Poder Legislativo ante el Poder Ejecutivo, no sorprende que los ministros de Estado no sienten ninguna obligación de comparecer ante los diputados y que él los trata como subordinados.

70. Por mandato constitucional, las prioridades del Presupuesto General de la República, que elaborará y aprobará el Poder Legislativo, deben ser las inversiones y gastos necesarios para garantizar la separación e independencia de los poderes, la protección de los derechos humanos naturales e individuales, el Estado de Derecho, la inclusión política, económica y social de todos los ciudadanos y las requeridas para cumplir con el principio de subsidiaridad. Bajo ningún punto debe tener el gobierno central o los gobiernos locales más empleados de los necesarios.

71. Con la nueva Constitución Política se le pondrá fin a las exoneraciones, exenciones y privilegios fiscales que equivalen a un 10% del Producto Interno Bruto Oficial (PIBO) y la presión fiscal, que está mal estructurada equivale a un 16.5% del PIBO. El PIB real (PIBR) es más alto que el PIB oficial porque un alto porcentaje de

la actividad económica no se reporta en la actualidad debido al bajo nivel de inclusión económica de los ciudadanos.

72. En mi opinión, el nivel de la presión fiscal debe estar alrededor de un 25% del PIB oficial para cumplir con las prioridades constitucionales referidas, pero no debe ser mayor al 32% del PIB real.

73. Un gobierno solvente es necesario para el crecimiento económico y por esto el aumento sugerido en la presión fiscal, pero el tamaño máximo del Estado como porcentaje del PIB debe estar estipulado en la Constitución Política para preservar mejor la libertad.

74. Los candidatos a la presidencia por los partidos políticos propondrán a los ciudadanos sus planes de gobierno y los programas que quieren impulsar con las restricciones que impone la Constitución Política con relación a prioridades, obligaciones y tamaño máximo del Estado como porcentaje del PIB.

75. Los ciudadanos elegirán al candidato con la mejor opinión de los ciudadanos en cuanto a credibilidad personal y calidad de programa. Los candidatos y los partidos políticos proponen, pero los ciudadanos eligen mediante el método democrático.

76. Finalmente, la nueva Constitución Política podría impedir que algún poder fáctico o algún poder del Estado utilice la fuerza pública o la violencia no oficial para imponerle fines progresistas o socialistas o fascistas o demagógicos a los ciudadanos. Si se cambia la cultura política de Nicaragua y el poder civil promueve el desarrollo de las instituciones necesarias, entonces los ciudadanos son los mandantes y los que gobiernan sus representantes y no al revés.

77. Los partidos políticos deben ser democráticos a lo interno y, en caso que violen este principio, perderán su personería jurídica después de un juicio con debido proceso, sin perjuicio de que sus miembros puedan formar otro partido.

78. Los candidatos al Poder Legislativo de los partidos políticos deben ser escogidos en primarias locales o nacionales, según sea su representación.

79. Esta democracia interna de los partidos políticos debe ir acompañada a la prohibición a que una persona ejerza la presidencia o la secretaría general del partido por más de cinco años y después de ocupar estos cargos únicamente podrán participar por un período de cinco años más en la junta directiva del partido.

80. Naturalmente que sería incompatible con la democracia interna de un partido político que una persona o un grupo de personas distinto a los que figuran en su junta directiva fueran los que tomaran las decisiones del partido.

81. Una ley del nuevo Congreso debe normar los financiamientos de los partidos políticos y de otras organizaciones no gubernamentales. Los partidos políticos deben sostenerse con los aportes de sus afiliados y amigos.

82. Los aportes a los partidos políticos tendrán un máximo de US$1,000 por persona por mes y se tipificará como delito electoral excederse de este máximo. También los aportes a las campañas electorales tendrán un máximo de US$1,000 por persona, sin perjuicio de que el candidato es libre de gastar más en su movilización y seguridad durante la campaña.

83. Las personas jurídicas no podrán financiar las actividades de los partidos políticos y tampoco las campañas electorales.

84. Todos los ingresos del gobierno central incluyendo impuestos, donaciones, préstamos al gobierno, a las superintendencias y a los entes autónomos, financiamientos para compras de petróleo, financiamientos de los organismos multilaterales, utilidades del Banco Central de Nicaragua (BCN) y de las empresas públicas y entes autónomos deben entrar al Presupuesto General de la República y ser aprobados por el Poder Legislativo.

85. El Poder Legislativo debe discutir, aprobar y supervisar los gastos e inversiones del Estado en su totalidad y por programas para todas las entidades cuyos ingresos y préstamos entraron al Presupuesto General de la República.

86. Los programas de ajustes económicos con el Banco Mundial, Banco Interamericano de Desarrollo (BID), Fondo Monetario Internacional (FMI) y Banco Centro Americano de Integración Económica deben ser discutidos y aprobados o rechazados por el Poder Legislativo.

87. La Constitución Política actual está llena de planteamientos totalitarios, socialistas, de corrupción anti-institucionalidad democrática y de sincretismo ideológico, por un lado, y de supuestos «derechos» meramente enunciativos, que son una mentira porque nunca ha existido voluntad de hacerlos realidad.

88. Estos «derechos» enunciativos, conceptos sin contexto y planteamientos ideológicos y de corrupción anti-institucionalidad democrática no tienen cabida en la nueva Constitución Política porque son incompatibles con el paradigma de la libertad, por un lado, y porque son falsos y ambiguos y abren la puerta para que los aspirantes a déspota y sus compinches conspiren con

la Corte Suprema de Justicia (CSJ) para hacer valer la corrupción anti-institucionalidad democrática en contra de los principios verdaderos de la Constitución Política.

89. Las crisis en Nicaragua entre una realidad de corrupción anti-institucionalidad democrática y una ciudadanía que quiere vivir bajo normas de institucionalidad democrática, hasta ahora siempre se han resuelto únicamente a medias y por esto existen los retrocesos a las versiones más totalitarias del paradigma del déspota y sus compinches.

90. Los compinches han jugado un papel central en estos retrocesos porque de la misma forma que para el déspota es más barato aceptar y fomentar la corrupción antidemocrática de los compinches, en vez de brindar bienes públicos a la ciudadanía, también para los compinches es preferible aceptar y fomentar la corrupción antidemocrática del déspota, en vez de apoyar como ciudadanos en un sistema de institucionalidad democrática.

91. Esta relación simbiótica entre déspotas y sus compinches es el sustento principal del paradigma de los compinches y se nutre y fortalece con la corrupción anti-institucionalidad democrática.

92. Las disposiciones de la nueva Constitución Política con relación al Poder Ejecutivo deben estar diseñadas para que dependa de los otros poderes y dificultar los pactos contra la institucionalidad democrática por parte de los aspirantes a déspotas y los compinches y poderes fácticos que estos logren capturar o corromper.

93. Los períodos más oscuros de la historia de Nicaragua han seguido a pactos para permitir la reelección presidencial, pactos para no contar todos los votos y

declarar de manera fraudulenta a un candidato como ganador y respaldo por parte de los compinches a una decisión de la Corte Suprema de Justicia (CSJ), anulando la prohibición constitucional en contra de la reelección.

94. La Corte Suprema de Justicia (CSJ) demostró una enorme falta de juicio al argumentar que el lenguaje constitucional ambiguo permitía un derecho abstracto a la igualdad que estaba por encima de la prohibición constitucional que de manera categórica prohíbe la reelección.

95. En la Constitución Política nueva no deben existir conceptos abstractos, como ya hemos dicho, porque estos suponen un peligro para la institucionalidad democrática.

96. La igualdad de todos los ciudadanos ante la ley y la igualdad de oportunidades de todos los ciudadanos frente al Estado —que se miden con los niveles de inclusión política, económica y social— son dos aspectos centrales de la institucionalidad democrática, pero la igualdad como concepto abstracto no debe figurar para nada en la nueva Constitución Política.

97. La Constitución Política no contendrá ninguna cláusula que se refiera a coordinación armoniosa entre los poderes o cualquier eufemismo que implique el dominio del Poder Ejecutivo sobre los otros poderes.

98. En vista del principio de la centralidad de la persona humana y su dignidad que sustenta el reconocimiento de la centralidad de la inclusión política, económica y social de los ciudadanos y el rechazo a los mecanismos de corrupción anti-institucionalidad democrática, no existirá en la nueva Constitución Política ninguna referencia a «alianzas» con partidos políticos, sindicatos

o agrupaciones del sector privado porque en su esencia contradicen y anulan estos principios.

99. Para cambiar la nueva Constitución Política con relación a la obligación del Estado a reconocer y fomentar la inclusión política, económica y social, la mayoría requerida debe ser del 75% y además una similar ratificación en todos los departamentos.

100. Con relación a los tratados internacionales, que generalmente son de adhesión —el país se adhiere al tratado en su totalidad— la nueva Constitución Política debe contener una artículo que de manera categórica establezca que las cláusulas de los tratados internacionales que contradicen nuestra Constitución Política no tienen validez en Nicaragua.

Los derechos humanos naturales e individuales en la nueva Constitución Política

101. Los derechos humanos naturales e individuales se informan en la centralidad de la persona humana y su dignidad, en principios, y en las lecciones de la historia, y son independientes y anteriores a cualquier consenso político temporal.

102. Estos derechos humanos naturales e individuales no están sujetos a una mayoría legislativa y menos aún a las mayorías de países gobernados bajo el paradigma de los compinches que se puedan formar en la Organización de las Naciones Unidas (ONU).

103. Los derechos humanos naturales e individuales tampoco están sujetos a las ideologías progresistas, post cristianas, o post modernistas porque estas ideologías

son contrarias a la verdad y niegan la centralidad del ser humano y su dignidad y promueven mecanismos de corrupción anti-institucionalidad democrática.

104. La inclusión política, económica y social de los ciudadanos se desprende de la centralidad de la persona humana y su dignidad y son condición necesaria y mutuamente dependiente con la institucionalidad democrática, pero no son derechos humanos naturales e individuales, porque requieren que las ideas y creencias de los ciudadanos sean conformes con el paradigma de la institucionalidad democrática.

105. Mi tesis es que la única manera de lograr que los derechos humanos naturales e individuales tengan verdadera vigencia es con la inclusión política, económica y social de todos los ciudadanos, pero reconozco que las diferencias con relación a la inclusión son políticas y, en cambio, las diferencias con relación a los derechos humanos naturales e individuales son morales.

106. Los frenos a los abusos de poder por parte de algún poder del Estado y los equilibrios y codependencia en su ejercicio y el empoderamiento ciudadano con la inclusión política, económica y social propias de la institucionalidad democrática sirven para garantizar estos derechos humanos naturales e individuales.

107. La nueva Constitución Política debe especificar que cualquier iniciativa de cambio con relación a la definición de los derechos humanos naturales e individuales debe contar con un 95% de los votos del Poder Legislativo y con la ratificación de igual porcentaje de votos en todos los departamentos y que de no obtener esta mayoría no se puede intentar otro cambio en diez años.

La inclusión económica, política y social y la igualdad de oportunidades frente al Estado en la nueva Constitución Política

108. La inclusión económica, política y social y la igualdad de oportunidades frente al Estado son condiciones necesarias y tienen una relación de dependencia mutua con la institucionalidad democrática.

109. La viabilidad del método democrático, el Estado de Derecho y una Constitución Política que garantiza la vigencia de los derechos humanos naturales e individuales y la separación e independencia de los poderes del Estado tiene como condición necesaria la inclusión política de todos los ciudadanos, incluyendo a la diáspora.

110. La libertad económica no es posible si el Estado no reconoce y promueve la inclusión económica tal como la hemos definido en este libro.

111. Una democracia representativa e incluyente exige la inclusión social, además de la inclusión política y la inclusión económica, porque para que cada ciudadano sea su propio agente y esté en capacidad de debatir y argumentar con los otros ciudadanos debe contar con un estándar uniforme de acceso a bienes públicos de educación, salud e infraestructura, de manera que nunca esté expuesto a la intimidación o el clientelismo de los aspirantes a déspotas y sus compinches o de los granujas que puedan surgir dentro de los poderes fácticos.

La definición de soberanía en la nueva Constitución Política

112. La nueva Constitución Política debe reconocer que la soberanía reside en los ciudadanos que individualmente son la unidad básica del método democrático y no en el pueblo que es un concepto abstracto.

113. Los ciudadanos mediante el método democrático eligen a sus representantes ante la Asamblea Nacional Constituyente para que redacten una nueva Constitución Política.

114. Mientras está redactando la nueva Constitución la Asamblea Nacional Constituyente representa la soberanía nacional.

115. Durante el período en que se redacta la nueva Constitución Política continúa vigente la Constitución anterior.

116. Cuando la Asamblea Nacional Constituyente promulga la nueva Constitución Política esta pasa a ser la expresión concreta de la soberanía.

117. La soberanía reside en la ciudadanía y su expresión concreta es la Constitución Política.

118. En ausencia de la disposición constitucional obligando a que cuando hay una situación de verdadera crisis se convoque de inmediato a nuevas elecciones, se corre el riesgo de que las cosas se resuelvan por medio de la violencia o mediante negociaciones que involucren a poderes fácticos o a potencias extranjeras, o que el desenlace sea un pacto entre partidos.

119. Se trata en estos casos de una disyuntiva: a) Convocar a nuevas elecciones como solución a la crisis, esto fortalece la soberanía porque la ciudadanía es el

árbitro y la legitimidad porque la Asamblea Nacional Constituyente supo anticipar e incluir en la nueva Constitución Política esta disposición. b) Solución violenta o mediante componendas con poderes fácticos o potencias extranjeras, o pactos de partidos y deterioro en los niveles de inclusión ciudadana y pérdida eventual de soberanía.

120. Cuando un aspirante a déspota con la ayuda de sus compinches o con la ayuda de algún actor granuja en los poderes fácticos viola, o intenta violar la Constitución Política, en realidad está violando la soberanía nacional.

121. Los cuestionamientos de los países democráticos a los gobernantes absolutos que se entronizan en el poder violando la Constitución Política no son en contra de la soberanía nacional, porque son en defensa de la expresión concreta de esta soberanía, que es la Constitución Política.

122. La defensa del territorio y de los símbolos nacionales son parte de la defensa de la soberanía nacional.

El principio de subsidiaridad y la protección de la familia como institución básica de la sociedad

123. La nueva Constitución Política debe recoger que la familia natural es la institución básica de la sociedad y es anterior al Estado. La persona humana se desarrolla en familia y en comunidad; entre más cerca de los ciudadanos estén sus representantes mejor se desarrollará la convivencia sujeta a las normas de la institucionalidad democrática.

El Poder Legislativo en la nueva Constitución Política

124. La propuesta, definición, aprobación y discusión del presupuesto general de ingresos y egresos de la república y de cada una de sus partidas, son responsabilidades exclusivas del Poder Legislativo.

125. El Poder Legislativo debe aprobar todas las donaciones y préstamos externos y asegurarse de que formen parte del Presupuesto General de la República.

126. La nueva Constitución Política debe contemplar el mantenimiento del poder adquisitivo de las tenencias de moneda local por parte de los ciudadanos y residentes como parte de sus derechos de propiedad privada.

127. La nueva Constitución Política debe contener una prohibición absoluta en contra de financiamientos del Banco Central de Nicaragua (BCN) al gobierno central, ya sea de manera directa o de manera indirecta.

128. El Banco Central de Nicaragua (BCN) no podrá obtener ningún financiamiento externo sin la autorización expresa de una mayoría calificada del Poder legislativo.

129. El Poder Legislativo es responsable de la definición, aprobación y discusión de los códigos y de las leyes comunes, de cada uno de sus artículos y de su reglamentación cuando esto sea necesario y bajo ninguna circunstancia le delegará alguna de estas atribuciones al Poder Ejecutivo.

130. Como la seguridad jurídica es condición necesaria para el crecimiento económico la nueva Constitución Política debe establecer la existencia de jurisprudencia obligatoria por parte de los jueces con relación a las

decisiones anteriores que hayan sido confirmadas por la Corte Suprema de Justicia (CSJ).

131. El encadenamiento de estas decisiones conforme con sistemas distribuidos para proteger su integridad debe garantizar su trazabilidad, accesibilidad y transparencia, de manera que todos los ciudadanos las puedan conocer en línea o mediante una aplicación telefónica.

132. El Poder Legislativo debe tener mucho cuidado en la aprobación de leyes y debe contar con un cuerpo de asesores constitucionales que deben revisar los proyectos de leyes, previo a su aprobación, para asegurarse que ninguna cláusula contenida en ellos viole la nueva Constitución Política.

133. Al Poder Legislativo le corresponde aprobar o rechazar los nombramientos a ministros, viceministros, directores de entes autónomos propuestos por el presidente.

134. El Poder Legislativo podrá aprobar o rechazar a los candidatos a la Corte Suprema de Justicia (CSJ) que proponga el presidente.

135. Le corresponde al Poder Legislativo interpelar al presidente, vicepresidente, los ministros, viceministros, superintendentes y directores de entes autónomos.

136. El Poder Legislativo debe aprobar los tratados internacionales con excepción de los artículos de estos tratados que contradigan a la nueva Constitución Política.

137. El Poder Legislativo podrá destituir a ministros, viceministros, directores de entes autónomos, superintendentes y al contralor en los casos en que por mayoría de votos decidan que están en rebeldía o involucrados en corrupción anti-institucionalidad democrática. En el caso del fiscal, esta destitución requeriría el 75% de los votos de ambas cámaras.

138. El Poder Legislativo debe asegurarse de que la inclusión política, económica y social sea una realidad y que este compromiso sea el trasfondo de todas las partidas presupuestarias que aprueben.

139. El principio de subsidiaridad será tomado en cuenta en todas las decisiones relativas al Presupuesto General de la República.

140. Al Poder Legislativo le corresponde atender, dialogar y darle respuesta a los representantes de los que marchen a sus puertas conforme con la ley argumentando que no gozan de inclusión ciudadana o de igualdad de oportunidades frente al Estado.

141. Un tema central para la nueva Constitución Política es el de las condiciones bajo las que se puede llamar a un Estado de excepción. La Constitución Política actual contempla que el Poder Ejecutivo puede decretar y poner en vigencia la Suspensión de Derechos y Garantías, en los casos previstos por la Constitución Política y enviarlo dentro de las 72 horas a la Asamblea Nacional para su aprobación, modificación o rechazo.

142. Este artículo debe modificarse, de manera que la Suspensión de Derechos y Garantías, en los casos previstos por la Constitución Política, surte efecto después que el Senado y la Cámara de Diputados lo han aprobado y constitucionalmente debe existir una cláusula de restitución automática a las 72 horas, sin perjuicio de que lo puedan aprobar de nuevo hasta cinco veces seguidas.

El Poder Ejecutivo en la nueva Constitución Política

143. Las atribuciones del presidente de la república están limitadas a las que le otorga la Constitución Política de manera clara y taxativa.

144. Se establece la prohibición absoluta y de por vida para la reelección presidencial.

145. En las elecciones generales el candidato ganador debe obtener el 50% de los votos totales más uno, o la mayoría de los votos en segunda vuelta.

146. El presidente tiene iniciativa de ley por igual con las leyes comunes y con la ley de Presupuesto General de la República.

147. Los ministros, viceministros y directores de entes autónomos serán propuestos por el presidente de la república y podrán ocupar sus cargos hasta después de ser aprobados por el Poder Legislativo.

148. El presidente podrá proponer a magistrados de la Corte Suprema de Justicia (CSJ) y el Senado podrá aprobar o rechazar a los candidatos propuestos.

149. El presidente de la república propondrá ternas para los cargos de presidente del Banco Central de Nicaragua (BCN), superintendente de bancos, contralor general de la república, fiscal y los senadores podrán escoger a uno de esta terna o rechazarlos a todos.

150. Los decretos ejecutivos de la presidencia deben llevar la firma del ministro del ramo.

151. El presidente podrá destituir a los ministros, viceministros y directores de entes autónomos por negligencia o por conducta indebida pero no los puede destituir porque rehúsan firmar un decreto o decisión

presidencial que requiere la firma del ministro del ramo además de la firma del presidente

El Ejército de Nicaragua y la Policía Nacional

152. A lo largo de la historia de Nicaragua el control del ejército ha servido de sustento a las dictaduras.
153. Los ejércitos los han utilizado para dar golpes de Estado contra gobernantes legítimos, tal como ocurrió con el lomazo de 1926 contra el gobierno liberoconservador que presidía don Carlos José Solórzano (1860-1936), por ejemplo.
154. Y para hacerse del poder y perpetuarse como dinastía en el poder como ocurrió con los Somoza.
155. El presidente liberal, don Juan Bautista Sacasa (1874-1946), legítimamente elegido en 1932, nombró a su sobrino político, don Anastasio Somoza García (1896-1956), como jefe del ejército (Guardia Nacional) en 1933 y este le dio un golpe de Estado en 1936.
156. Los Somoza estuvieron en el poder desde 1937 hasta 1979, su mando se debía al control del ejército y a que lograron consolidar un régimen autoritario de corrupción anti-institucionalidad democrática.
157. Comentaba el intelectual Salomón de la Selva (1893-1959) en el año 1932 que al ejército iba gran parte del Presupuesto General de la República y que el presidente, don Juan Bautista Sacasa (1874-1946) y el Partido Liberal tendrían que obedecer al jefe del ejército y que «forzosamente tendrán que vivir sometidos a su voluntad».
158. Los ejércitos se convierten en poderes fácticos y ejercen un gran peso sobre los gobernantes débiles

en los países con un bajo nivel de institucionalidad democrática y con frecuencia logran participar en la economía con condiciones que son incompatibles con la inclusión económica, dificultan la provisión de bienes públicos porque reciben una cantidad importante del presupuesto; y muchas veces restringen la inclusión política tratando de influir en la selección de candidatos.

159. En algunos países los ejércitos se constituyen en los árbitros de la política cuando existen crisis —y aún sin crisis— y toman el poder y lo ejercen de manera autoritaria restringiendo la inclusión política.

160. La idea de que el ejército debe ser el árbitro cuando existe una crisis política es una idea primitiva que esgrimen los que no pueden imaginar algo distinto al paradigma de los compinches y los acuerdos entre poderes fácticos.

161. Los ejércitos no están capacitados para ejercer el poder porque son instituciones verticales, con mandos bien estructurados, en los que no se opina, solo se obedece y no están entrenados para reconocer y promover la inclusión política.

162. Algunos políticos ingenuos recomiendan los golpes de Estado militares bajo la premisa de que los militares van a sacar a un gobierno dictatorial en crisis política para convocar de inmediato a elecciones y, aunque esto ha pasado, el caso base es que no convocan de inmediato a elecciones conforme con el método democrático y que la crisis continúa y se llegan a sentir imprescindibles en el poder.

163. Los militares en el poder generalmente defienden el *statu quo* compinche.

164. El golpe de Estado de don Anastasio Somoza García (1896-1956) contra el presidente Sacasa ilustra un

caso muy común: que los políticos, o el presidente, o los diputados, no comprenden que para garantizar la institucionalidad democrática es imprescindible que las autoridades políticas legítimamente electas cuenten con los mecanismos necesarios y suficientes para garantizar que el ejército esté claramente subordinado a la ley y a las autoridades legítimamente electas y no al revés.

165. Los ejércitos con frecuencia se convierten en puertas de entrada para países interesados en vender equipos militares o en adquirir influencia geopolítica y esto genera competencias con los países vecinos para ver qué país compra más armas o para buscar la influencia de otras potencias.

166. Como la prioridad con el paradigma de la libertad es la institucionalidad democrática y la inclusión política, económica y social de los ciudadanos, la mejor decisión es tener una policía nacional profesional, policías municipales profesionales, un servicio aeronaval profesional y un servicio de guardafronteras profesional, en vez de un ejército.

167. La Policía Nacional, el servicio aeronaval y el servicio de guardafronteras reportarán al presidente por medio de un ministro de seguridad civil y el consejo de seguridad que presidirá el presidente.

168. La transición a tener estos cuerpos profesionales en vez de un ejército es una decisión política soberana que requiere para su implementación mucho liderazgo, capacidad, finura y diálogo, y respetar a plenitud los derechos económicos y de fondos de retiro de los militares y garantizarles empleos conforme a su escalafón en los nuevos cuerpos a todos los actuales miembros del ejécito que lo deseen.

169. El ahorro presupuestario será importante porque no será necesario estar comprando equipos militares, pero se podrá invertir más y en mejores equipos para la protección aeronaval y los servicios de guarda fronteras y se podrá brindar más bienes públicos para la inclusión ciudadana.

170. Con esta decisión soberana Nicaragua se uniría a sus vecinos Costa Rica y Panamá, que no tienen ejércitos.

171. La nueva Constitución Política debe prohibir de manera expresa la creación de guardias presidenciales, policías militarizadas, milicias armadas, partidos políticos armados, o cualquier otro mecanismo diseñado para que un aspirante a déspota se adueñe del poder e intimide mediante la fuerza a la ciudadanía.

172. El Poder Legislativo debe impedir, vigilar e interpelar a quien corresponda, de manera que la ciudadanía pueda tener certeza de que el Poder Ejecutivo no tiene acceso a recursos financieros o materiales que no estén contemplados de manera detallada en el Presupuesto General de la República.

173. Conforme con el principio de subsidiaridad y fortalecimiento de la comunidad la policía debe estar dividida en policía nacional y policías municipales con clara delimitación de funciones, según la ley.

174. La policía municipal de las cabeceras departamentales estarán a cargo de las funciones policiales de su departamento.

175. Las policías municipales le reportarán al alcalde y al consejo municipal de su municipio.

176. El requisito de que todos los cuerpos de seguridad deben estar sujetos a las autoridades legítimamente electas y no al reves, significa que el Poder Legislativo debe aprobar las estrategias de estos cuerpos, regular

su composición y funciones e interpelarlos cuántas veces sea necesario.

Límites al tamaño del Estado y aumento de la presión fiscal

177. La nueva Constitución Política le impone al Estado la obligación de reconocer y apoyar la inclusión política, económica, social y la igualdad de oportunidades frente al Estado de todos los ciudadanos y esto exige recursos, por esta razón la presión fiscal debe aumentar en Nicaragua.

178. Pero este aumento de la presión fiscal debe estar apoyado en el entendimiento de que en un Estado muy grande la prosperidad económica aparece muy vinculada a los contratos públicos y a la búsqueda de privilegios y exclusiones incompatibles con la inclusión económica.

179. Peor aún, un Estado con muchos recursos o con mucho acceso a financiamiento despierta en el aspirante a déspota y en los jugadores granuja de los poderes fácticos, el interés de apropiarse de lo que consideran un botín y esto lo logran con la corrupción anti-institucionalidad democrática.

180. Los casos más conocidos son el escándalo de los CENIS y la administración de financiamientos externos fuera del Presupuesto General de la República.

181. De no existir límites al tamaño máximo del Estado las inclusiones políticas y económicas y eventualmente la social, estarían en peligro de que un partido «progresista» o socialista accediera a la presidencia y a una mayoría

del Poder Legislativo con promesas falsas apoyadas en un crecimiento sin control de la presión fiscal y de los endeudamientos externos y estas cosas siempre terminan en la ruina.

182. Por estas razones la nueva Constitución Política debe especificar que el Presupuesto General de la República, que incluye todos los impuestos, utilidades en la venta de empresas públicas y concesiones, los financiamientos internos y externos y todas las donaciones externas, debe representar como máximo el 32% del Producto Interno Bruto (PIB) reportado.

183. La nueva Constitución Política debe prohibir cualquier financiamiento temporal o permanente del Banco Central de Nicaragua (BCN) al gobierno central porque los permanentes son inflacionarios y los temporales con frecuencia se vuelven permanentes.

El Poder Judicial

184. La igualdad ante la ley, el debido proceso de ley y el Estado de Derecho son condiciones necesarias para la inclusión ciudadana.

185. La nueva Constitución Política debe establecer de manera inequívoca que el debido proceso es una garantía ciudadana y que se refiere estrictamente a los procedimientos y garantías que establece la ley y que no tiene ningún contenido sustantivo que pudiera utilizar una Corte Suprema de Justicia (CSJ) pilla para declarar inconstitucional alguna ley.

186. La Corte Suprema de Justicia (CSJ) debe tener cinco miembros para un período de siete años, de manera

que no coincidan con ningún período presidencial y tampoco coincidan completamente los períodos de estos magistrados.

187. Los magistrados deben ser abogados comprometidos con el Estado de Derecho, mayores de 45 años, con carácter para resistir y denunciar presiones y que hayan publicado sus puntos de vista sobre temas relativos a la Constitución Política, el Poder Judicial o la institucionalidad democrática.

188. El Poder Legislativo debe tomar en cuenta las recomendaciones de la barra de abogados en las deliberaciones con relación a aprobar o rechazar a los candidatos a magistrados que presente el presidente.

189. Los magistrados de los tribunales de apelaciones serán aprobados o rechazados por el Poder Legislativo a solicitud del Poder Ejecutivo y se deben tomar en cuenta las recomendaciones de la barra de abogados.

190. Los jueces serán seleccionados por el Poder Judicial con base a concursos de méritos, y trayectoria.

191. Los magistrados y jueces podrán ser destituidos con el debido proceso por el Poder Legislativo en caso de presunción de cometer delitos de corrupción antidemocrática. Estos magistrados tendrán que respetar la independencia de los jueces y será causal de destitución del magistrado el que se demuestre que ha existido alguna instrucción o recomendación a un juez por parte de un magistrado.

Inmunidad de funcionarios públicos y juicios políticos

192. Uno de los obstáculos más difíciles de vencer para pasar del paradigma del déspota y sus compinches al paradigma de la libertad es que los compinches políticos y de negocios y los aspirantes a déspotas, son especialistas en corromper a los funcionarios públicos que deberían defender la institucionalidad democrática.

193. En el paradigma de la libertad enfrentamos este obstáculo de tres maneras: I. Se tipifica en el Código Penal el delito de corrupción anti-institucionalidad democrática cuyas normas estipularán consecuencias penales para los compinches políticos y de negocios, para los aspirantes a déspotas y para los funcionarios públicos que se logre demostrar que violaron estas normas. II. Plataforma y leyes de transparencia en tiempo real y de encadenamiento de decisiones administrativas y judiciales. III. Fin a la inmunidad para los ministros de Estado y magistrados de la Corte Suprema de Justicia (CSJ) y restricciones a la inmunidad de los diputados y presidente y vicepresidente.

194. El requisito del juicio político que se podría imponer para la remoción del cargo del presidente y del vicepresidente no le quita su jurisdicción a la fiscalía y tampoco a los tribunales. Lo único que pasa es que la condena arranca después del juicio político.

195. Los diputados y senadores no deben gozar de inmunidad por juicios civiles o por delitos penales cometidos antes de asumir su cargo o durante su cargo.

196. Los ministros no deben gozar de ningún tipo de inmunidad.

197. Todos los funcionarios públicos, incluyendo al presidente, deben responder con sus bienes por daños contra terceros en el ejercicio de sus cargos.

198. Para impedir los juicios espurios en contra de los funcionarios públicos es necesario que existan consecuencias para los que los inician y que respondan con sus bienes por el daño causado.

199. La judicialización de las diferencias políticas es un mecanismo de corrupción anti-institucionalidad democrática que se debe cubrir con una norma que penalice estas conductas.

CAPÍTULO V

CUARTO ELEMENTO: ESTADO DE DERECHO

1. Los principios igualdad ante la ley y que las leyes sean de carácter general se refieren a que las normas que contienen las leyes se apliquen a todos por igual, incluyendo a los que gobiernan.
2. Estas normas contienen un supuesto de hecho y una consecuencia jurídica y se deben aplicar a todos por igual.
3. Los gobiernos que se basan en el paradigma de los compinches carecen de legalidad porque las leyes vigentes se aplican según los deseos de ellos y no se aplican a todos por igual.
4. La legalidad y el Estado de Derecho son conceptos muy distintos que es necesario diferenciar con claridad.
5. El Estado de Derecho exige que todas las leyes que involucran la utilización del poder coercitivo del Estado deben cumplir con los siguientes principios específicos: I. Que las leyes sean promulgadas por autoridad legítimamente constituida bajo el paradigma de la institucionalidad democrática. II. Que no existan consecuencias jurídicas sin leyes previas. III. Que exista certeza con relación a las leyes y que sean ampliamente conocidas. IV. Que no se trate de leyes retroactivas o leyes dirigidas. V. Que exista igualdad ante la ley. VI.

Que las leyes sean de carácter general y se apliquen por igual a los ciudadanos, a los dirigentes electos y a los representantes de los ciudadanos ante los poderes del Estado. VII. Que las decisiones administrativas que implican la utilización del poder coercitivo del Estado se basen en este tipo de leyes. VIII. Que los ciudadanos puedan recurrir a tribunales independientes y puedan contar con la plena vigencia de las garantías procesales.

6. La legalidad se refiere a que se hacen cumplir las leyes, sean buenas o sean malas, y para que haya legalidad no es necesario que las leyes o las decisiones administrativas cumplan con los principios específicos que exige el Estado de Derecho con excepción de la igualdad ante la ley. Las leyes que pemitían la esclavitud y las leyes que le han negado derechos a parte de la población son leyes y los Estados las hacen cumplir, pero son incompatibles con el Estado de Derecho.

7. El Estado de Derecho es incompatible con los gobiernos que no accedieron al poder por el método democrático, o que no respetan la separación e independencia de poderes o que incorporan en sus leyes los mecanismos de corrupción anti-institucionalidad democrática.

8. La corrupción anti–institucionalidad democrática, o paradigma de los compinches, es incompatible con el Estado de Derecho porque las líneas rojas de este tipo de corrupción además de incompatibles con la institucionalidad democrática, utilizan leyes y decisiones administrativas posteriores a los hechos, establecen penas sin ley previa o sin ley ampliamente conocida, no toleran la igualdad ante la ley, sus leyes no son de carácter general, no permiten el acceso a

tribunales independientes y aplican como concesión ocasional las garantías procesales básicas de habeas corpus, debido proceso, y juicio ante jurado.

9. El Estado de Derecho nunca ha existido en Nicaragua porque siempre ha estado gobernada, en mayor o en menor grado, bajo el paradigma de los compinches, y los privilegios políticos, ideológicos y económicos que exigen los compinches son absolutamente incompatibles con el Estado de Derecho.

10. Algunos miembros de la élite que no son compinches políticos o de negocios y que inclusive los desprecian, han llegado a la conclusión de que en Nicaragua no debemos crear expectativas en la juventud y en la ciudadanía de que es viable aspirar al Estado de Derecho.

11. Ellos piensan que es posible aspirar a la legalidad y se manifiestan con fuerza frente a las ilegalidades que caracterizan al régimen actual, pero suponen que es necesario preservar los mecanismos de corrupción antidemocrática para contener la violencia de los compinches y los aliados de estos que puedan existir en los poderes fácticos.

12. En el escenario que estas personas vislumbran la legalidad se alcanzaría diez o quince años después de las próximas elecciones que serían para un gobierno con caras nuevas y con un menor nivel de abuso del actual, pero que mantendría intactos los principales mecanismos de corrupción anti-institucionalidad democrática.

13. En su ingenuidad, o falta de imaginación, no comprenden que en el escenario que presentan nunca se alcanzaría el Estado de Derecho y en la práctica tampoco la legalidad.

14. El Estado de Derecho es anatema para los ideólogos marxistas, también para los ideólogos progresistas, porque parten de la premisa de que la idea abstracta que han entronizado es una verdad absoluta y que los frenos y equilibrios que exige el Estado de Derecho son obstáculos que es necesario remover.

15. Las constituciones y las leyes totalitarias, socialistas, progresistas o al servicio de compinches imponen muy pocas restricciones en el uso del poder coercitivo del Estado para alcanzar sus fines y, aunque esto en teoría podría ser compatible con la igualdad ante la ley, es imposible compatibilizarlo con el Estado de Derecho.

16. El Estado de Derecho es más importante que la consecución de cualquier objetivo del momento que sea importante para la mayoría, aún en situaciones en las que la mayoría legislativa, el Poder Ejecutivo y los magistrados estén de acuerdo con este objetivo.

17. La igualdad ante la ley no protege a los ciudadanos frente a demagogos que puedan hipnotizar a la población o frente a los abusos de mayorías legislativas interesadas en imponer sus propios objetivos, pero el Estado de Derecho sí brinda estas protecciones a los ciudadanos.

18. Alcanzar y preservar el Estado de Derecho es uno de los siete elementos claves de la democracia porque se trata de un bien en sí mismo que no debe estar sujeto a cálculos utilitarios ni a presiones porque su protección es necesaria para garantizar la libertad.

19. El concepto central que es necesario tener presente es que el Estado de Derecho es incompatible con constituciones y leyes que incorporan mecanismos de corrupción anti-institucionalidad democrática.

20. Es cierto que el Estado de Derecho es una meta, pero se trata de una meta alcanzable en el caso en que la mayoría de los ciudadanos y de las élites estén dispuestos a enfrentar la oposición de los compinches, y que estén realmente convencidos de que sus ideas y creencias exigen el Estado de Derecho.

CAPÍTULO VI

QUINTO ELEMENTO: MERCADOS LIBRES, ABIERTOS E INCLUYENTES

1. Los mercados libres, abiertos e incluyentes son parte integral del paradigma de la libertad y su buen funcionamiento presupone un gobierno con separación e independencia de poderes y el Estado de Derecho, por un lado, y la inclusión política, económica y social de los ciudadanos, por el otro lado.
2. Los defensores de la corrupción anti-institucionalidad democrática argumentan que los gobiernos deben ser pro negocios y no pro mercados abiertos y que esto significa fomentar los oligopolios en la banca, en la agroindustria y en la industria, el comercio, la construcción, y los servicios en general y brindarles privilegios legales, impositivos, arancelarios, judiciales, presupuestarios y tarifarios a los socios del régimen que se dedican a estas actividades.
3. La Constitución Política vigente de Nicaragua en la primera mitad del año 2019 permite estas equivocadas ideas.
4. En el despotismo los sujetos que cuentan con el reconocimiento y la protección del Estado son los compinches con sus privilegios y el resto de los

ciudadanos enfrentan la inseguridad, la desconfianza y precios relativos administrados por el Estado.

5. La falta de acceso a un mercado libre y abierto es una parte de la falta de inclusión económica que enfrenta el ciudadano común; las otras son la inseguridad jurídica, la abierta complicidad del Estado con la rapiña de los compinches en contra de los ciudadanos comunes, los defalcos presupestarios a favor de los compinches, la depreciación deliberada del poder adquisitivo de la moneda en perjuicio de los salarios reales, ausencia de una amplia infraestructura crediticia de acceso general y en igualdad de condiciones, las desiguales oportunidades en el trato con el Estado y la falta de seguridad de los derechos contractuales y de propiedad privada.

6. La falta de inclusion económica impide que los ciudadanos comunes puedan contar con buenas oportunidades de desarrollo empresarial y buenos empleos en su propio país, les impide la acumulación de capital, los condena a la inseguridad jurídica, los obliga a vender sus cosechas y otros productos, a precios por debajo del precio mundial, los obliga a pagar más que el precio mundial por los insumos que requieren para producir, por la medicinas y por sus bienes de consumo, además les impide tener acceso en forma general al crédito en condiciones comparables a las que existen en los países en los que la inclusión económica en una realidad.

7. Los salarios reales son función del capital acumulado en el país, incluyendo en esto al capital humano. En Nicaragua son mucho más bajos de lo que deberían ser por dos razones: I. El ahorro y la acumulación de capital a todo nivel es mucho menor de lo que

sería si todos los ciudadanos por igual contaran con inclusión económica e igualdad de oportunidades frente al Estado. II. Las ausencias de oportunidades para los profesionales, que son consecuencias directas de las faltas de inclusión económica y las faltas de acumulación de capital a todo nivel, producen sobre ofertas que aumentan los niveles de desempleo a nivel formal y bajan los salarios reales en los trabajos no profesionales.

8. La evidencia empírica demuestra de manera contundente que la economía de mercado, la democracia representativa y el Estado de Derecho son fuentes de crecimiento económico y, en cambio, el despotismo, la ausencia de normas, la rapiña y la corrupción anti-institucionalidad democrática son fuentes de atraso, pobreza, emigraciones masivas forzadas, represión y guerras civiles.

9. Los resultados económicos de los países mejoran con la acumulación de capital incluyendo al capital humano, las invenciones que mejoran la productividad, la economía de mercado, la aplicación del método democrático y el Estado de Derecho

10. Es imposible lograr el crecimiento económico incluyente bajo gobiernos como los socialistas, los de compinches o las mezclas entre estos, porque utilizan al Estado para controlar la economía y se basan en la institucionalización de la corrupción antidemocrática.

Economía de mercado vs sistema de compinches

11. La naturaleza humana y el éxito de los humanos en el planeta Tierra, se debe en gran parte a que cooperamos de manera voluntaria entre nosotros.
12. La capacidad de cooperación es una parte integral de nuestro ADN que se desarrolla naturalmente porque todos nacemos en una familia y somos parte de una comunidad.
13. Esta cooperación tiene su manifestación más importante en los intercambios voluntarios de bienes y servicios.
14. Con estos intercambios o comercio, se crea riqueza porque las dos partes en la transacción ganan ya que de otra forma no entrarían en ella.
15. El comercio entre grupos étnicos históricamente ha fomentado la confianza y la paz porque todas las partes ganan.
16. Entre países ocurre lo mismo, el comercio crea confianza y crea riqueza.
17. Los intercambios comerciales voluntarios tanto dentro de los países, como entre países, siempre se han basado en la aceptación de normas por todas las partes.
18. La cooperación comercial voluntaria requiere: I. La libertad de contratación de las partes en los contratos. II. Oportunidades de intercambio de manera que exista potencial ganar-ganar para las partes. III. La existencia de normas que se respetan de manera que las partes cumplan con sus partes de los tratos.
19. Este tipo de cooperación ha existido en todos los grupos humanos, incluyendo en esto a los grupos que se dedicaron a la caza y la pesca, pero se desarrolló en mercados a partir de el surgimiento de la agricultura.

20. La regulación de estos mercados mediante normas de cumplimiento obligatorio es antigua como se puede apreciar en el *Código de Hamurabi* que fue promulgado en el año 1772 a.c.

21. La esencia de la economía de mercado es la libertad de producir, ofrecer y adquirir bienes y servicios de manera competitiva en un mercado en el que los precios se determinan con base a la oferta y la demanda y con la certeza de que el árbitro no aplica las normas con favoritismo, no crea reglas especiales para favorecer a unos productores o compradores a expensas del resto, impide el fraude y no le roba sus bienes a ninguno de los participantes.

22. Las normas de la economía de mercado son viables únicamente cuando existe la estructura institucional para asegurar que todos los agentes económicos cuentan con el reconocimiento y el respaldo del Estado para garantizar los derechos de propiedad privada, los derechos contractuales y el Estado de Derecho para todos por igual.

23. El ciudadano es el sujeto activo de la economía de mercado, ya sea actuando en su carácter personal o dirigiendo una entidad corporativa y actúa como agente de sus preferencias e intereses, cuenta con el reconocimiento y protección del Estado, participa en la cooperación social voluntaria que ocurre en los mercados e identifica oportunidades productivas empresariales, de empleo y de consumo según precios relativos que reflejan la realidad mundial porque participa en mercados libres y abiertos.

24. La esencia del sistema de compinches, que necesariamente son pocos, es que las influencias políticas y los acuerdos entre los compinches deben

determinar los resultados de las actividades económicas y no la economía de mercado.

25. Los compinches de negocio consideran a la economía de mercado como un obstáculo a superar mediante el establecimiento de mecanismos de corrupción anti-institucionalidad democrática de común acuerdo con el gobernante absoluto.

26. Los gobernantes absolutos exigen participar de la rapiña y los compinches le piden que se quede en el poder, de manera que se crea una relación simbiótica entre la vigencia de los mecanismos de corrupción anti-institucionalidad democrática y la represión de los ciudadanos.

27. La inclusión económica exige que el Estado reconozca y respalde la agencia económica de todos los ciudadanos por igual y el sistema de compinches exige lo opuesto, de manera que se trata de una incompatibilidad absoluta.

28. El sistema de compinches también es absolutamente incompatible con las inclusiones políticas y económicas y por estas razones se afianzan de manera simultánea los mecanismos de corrupción antidemocráticos en lo político, lo económico y lo social.

Mercados competitivos y rentabilidad sobre el capital invertido

29. En una economía de mercado el Estado no debe crear privilegios impositivos, arancelarios, tarifarios, legales, judiciales u otorgarle subsidios a algún agente económico y, al contrario, debe reconocer y respaldar

a todos los ciudadanos como agentes económicos con igualdad.

30. La competencia en una economía de mercado es un proceso en el que van a apareciendo nuevos productores que con base a los precios relativos estiman que les puede ir bien ofreciendo sus productos, otros porque han tenido ideas innovadoras y otros para atender el crecimiento en la demanda.

31. En un sistema de economía de mercado la oferta, que es libre, y la demanda, que es libre, interactúan para determinar los precios relativos y, sujeto a sus capacidades gerenciales, de organización, tecnológicas y de innovación, las utilidades de los productores.

32. En el sistema de compinches el Estado obliga a que desaparezca la competencia mediante confiscaciones o barreras a la entrada a la actividad, o esta actividad se reserva para los compinches y tal vez alguno que logró pasar desapercibido, de manera que la oferta es mucho menor a los diferentes niveles de precios y en el supuesto de que la demanda no cambia, los precios que reciben los compinches son mucho mayores de los que recibirían de otra forma.

33. En estos casos se crea una estructura industrial oligopolísitica de mercado cerrado que tiene como padrino al Estado y los ciudadanos pagan precios mucho más altos por estos productos que el precio relativo mundial, de manera que tienen menos oportunidades empresariales y de empleo de las que tendrían si el Estado actuara como árbitro honesto.

34. Con mercados competitivos y abiertos la rentabilidad sobre el capital invertido, con la excepción de innovación, se acerca a lo que se llama la productividad marginal del capital, que es un cálculo económico que

varía según los niveles de riesgo de la actividad y los niveles generales de seguridad jurídica, pero que tiene rangos por actividad.

35. La actividad bancaria es parecida a la de las compañías de distribución de productos en el sentido que la mayor parte de las empresas en estas actividades adoptan de manera simultánea las diferentes innovaciones, de manera que la rentabilidad sobre el capital invertido en esta actividad en ausencia de actividades de corrupción anti-institucionalidad democrática se asemeja a la mundial.

36. Según el informe *Desarrollo, integración, e igualdad: la respuesta de Centroamérica a la crisis de la globalización* la utilidad bruta promedio sobre el capital invertido en el sector bancario de Nicaragua para los años 2013 a 2018 inclusive es del 28.8 %, para el sector bancario de Costa Rica es del 10.4% y para el sector bancario de Centroamérica, excluyendo Nicaragua y añadiendo a Panamá para estos mismos años, el promedio es de 14.03%.

37. En vista de que el sector financiero de Nicaragua no se distingue en cuanto a innovación o capacidad gerencial del resto de Centroamérica, la única explicación de que el de Nicaragua tenga casi el triple de la rentabilidad del sector bancario de Costa Rica y más del doble de la del resto de Centroamérica es la existencia de privilegios incompatibles con la inclusión económica en el caso de Nicaragua.

38. Estos privilegios especiales empezaron con los ya referidos pactos políticos y económicos que arrancaron con el pacto de 1999 entre la administración Alemán-Bolaños por el PLC y don Daniel Ortega Saavedra por el FSLN, se consolidaron con el reconocimiento

fraudulento de la victoria Ortega sin contar el 8.5 % de los votos en 2006 y han continuado desde entonces.

39. Los accionistas de los bancos deben garantizar con sus recursos personales el cumplimiento de sus obligaciones bancarias y la integridad de estas operaciones. Esto es necesario para que los intereses de estos banqueros estén alineados con los de los depositantes y para proteger al Estado en contra de supuestas operaciones de salvamento del sector financiero que generalmente son mecanismos para que unos compinches se apoderen de parte del prepuesto nacional.

40. Estos pactos entre compinches establecieron una serie de mecanismos de corrupción anti-institucionalidad democrática y en lo que respecta al sector bancario incluyeron privilegios judiciales para los bancos, privilegios regulatorios y la no apertura de nuevos bancos. Estos privilegios son incompatibles con el Estado de Derecho, y como se trata de una industria regulada, se debe fomentar la competencia bancaria facilitando la apertura de bancos nuevos, limitando el tamaño de los bancos comerciales a un máximo del 8% del tamaño del mercado para cada banco, prohibiendo que los que están en banca también estén en el ramo de seguros, y restringiendo la participación accionaria del mismo grupo familiar al 20% de un banco o de una compañía de seguros.

41. Los bancos cuyos accionistas idearon y crearon estos mecanismos de corrupción anti-institucionalidad democrática recibieron beneficios adicionales como la confiscación inconstitucional y a su favor de bancos mucho más sólidos que ellos, y la no restitución hasta ahora de una transferencia ilegal de recursos, disfrazada de garantía financiera del Banco Central de Nicaragua

(BCN) a favor de estos compinches bancarios según el informe de la Comisión de Probidad y Transparencia de la Asamblea Nacional y la Acusación Fiscal, aún vigente, de la Fiscalía.

Buenas leyes y seguridad jurídica, menos juicios y crecimiento económico

42. Esta garantía financiera fraudulenta se conoce como el escándalo de los CENIS, equivale a una ilegítima transferencia del 5% del PIB a favor de estos compinches bancarios y sus socios políticos según varios economistas independientes, y se trata de un acto de corrupción anti-institucionalidad democrática tan grave que la Contraloría General de la República (CGR), la Comisión de Probidad y Transparencia de la Asamblea Nacional y la Fiscalía se vieron obligados a exigir la restitución al Estado de estos recursos, a pesar de que en el paradigma actual de corrupción anti-institucionalidad democrática esta restitución no podría ocurrir puesto que estos compinches financieros son uno de los principales sustentos del despotismo.

43. Con buenas leyes, trazabilidad en tiempo real de las decisiones judiciales que están firmes, y confianza en que los jueces van a aplicar las leyes como corresponde se presentarán menos demandas y menos juicios.

44. Con seguridad jurídica habrá menos juicios porque el que no tiene la razón sabrá que de todas maneras va a perder, estará más dispuesto a negociar con el que tiene la razón y los resultados de estas negociaciones se parecerán más a los resultados que se habrían obtenido

en el juicio menos las incertidumbres, las tardanzas, los gastos, las desconfianzas y las enemistades.

45. La confianza en la correcta y oportuna aplicación de las leyes ayudará con dos aspectos fundamentales para el crecimiento económico incluyente: I. Creará confianza de que los ciudadanos se comportarán conforme normas incluyentes y de juego limpio. II. Aumentará los niveles de cooperación social voluntaria entre los ciudadanos.

46. La seguridad jurídica se debe afianzar estableciendo la jurisprudencia obligatoria de manera que los jueces estén obligados a respetar las decisiones anteriores que hayan sido confirmadas por la Corte Suprema de Justicia (CSJ). Esto establece un encadenamiento de las decisiones judiciales que afianza la seguridad jurídica.

Informalidad e inclusión económica

47. La mayor parte de los ciudadanos de nuestro país desempeñan sus actividades económicas en la informalidad, que es un espacio en el que los intercambios de bienes y servicios no tributan y no cuentan con el reconocimiento y el respaldo del Estado.

48. Los insumos que adquieren los productores que se desempeñan en la informalidad en establecimientos formales sí llevan impuestos tales como el impuesto general de ventas, los impuestos aduaneros y las cargas de las alcaldías, el seguro social y otras.

49. Los productores informales no gozan de la protección del Estado en lo que respecta a la seguridad contractual

y muchas veces tampoco en lo que respecta a la seguridad de los derechos de propiedad privada.

50. La inclusión económica de todos los ciudadanos requiere que todos puedan participar de la economía de mercado y que todos cuenten con el reconocimiento y la protección del Estado.

51. Bajo el paradigma de los compinches el Estado está al servicio de ellos y es parte integral del sistema que gran parte de los ciudadanos no cuenten con el reconocimiento y la protección del Estado en sus transacciones económica.

52. Entre mis colegas economistas es corriente ver este tema de la falta de reconocimiento y protección del Estado para la mayoría de los ciudadanos como un tema de costo de acceder a la formalidad versus los beneficios que esta formalidad otorga.

53. No hay duda de que este enfoque tiene mucho mérito, pero es incompleto porque no toma en cuenta las líneas rojas que crean los mecanismos de corrupción antidemocráticos a los que ya hemos hecho referencia y que son parte integral del paradigma de los compinches.

54. Es necesario que el gobierno tenga una estrategia adecuada para que los costos en tiempo y dinero de acceder a la formalidad, de hacer valer derechos, y los indirectos que acompañan la creación de empleos formales bajen significativamente, y todo esto es parte de la inclusión económica, pero la tarea más difícil y la que va a dejar mejores réditos va a ser la decisión de superar las líneas rojas de la corrupción anti-institucionalidad democrática.

55. Lo que se requiere es enfrentar la inclusión económica como un todo integral en la que los ciudadanos son los sujetos activos y no el Estado, de manera que el

Estado asigna los recursos necesarios para garantizar la inclusión económica y para preservar la integridad y la transparencia de los mercados.

56. La firmeza de los derechos de propiedad privada es condición necesaria para la libertad, y el dueño de la tierra debe ser dueño del subsuelo, de manera que conforme con los lineamientos de leyes de carácter general ajustadas al Estado de Derecho el ciudadano propietario pueda entrar en acuerdos de explotación del recurso que se encuentre en el subsuelo de su propiedad con quien le convenga

57. La creación de una infraestructura crediticia adecuada es necesaria para garantizar la inclusión económica y esta infraestructura perfectamente puede ser privada puesto que al igual que a las operadoras telefónicas se les exigen niveles de cobertura, de igual manera a los bancos privados se les puede imponer condiciones de cobertura, o se pueden aumentar de manera importante la cantidad de bancos privados para que esta cobertura exista.

58. Con relación al tema de la firmeza de los derechos de propiedad de los ciudadanos que no han gozado de inclusión económica, una prioridad del Estado debe ser utilizar y fomentar la utilización de las tecnologías modernas de cadena de bloques y de registro distribuido para afianzar estos derechos de propiedad y brindarles a sus dueños mayor seguridad y la posibilidad de ofrecer sus propiedades en hipoteca gozando en este aspecto de inclusión económica.

59. Otro tema relevante para la inclusión económica es la titulación ordenada de los terrenos en que están ubicadas las viviendas de los ciudadanos conforme con la ley, con los debidos procesos de ley, con la

indemnización de los dueños originales cuando no se trate de propiedades del Estado, y con la utilización de las tecnologías modernas.

60. Este tema de la titulación se debe enfocar con mucha prudencia y como una política de Estado, debe ser parte de cómo se gobierna en Nicaragua, debe atenderse estrictamente a nivel de las alcaldías, con la indemnización debida a los dueños originales, y previa ley de carácter general y no es compatible con el clientelismo, con las manipulaciones partidarias o con las invasiones de tierras.

Sistema impositivo e inclusión económica

61. La inclusión económica de todos los ciudadanos por igual no es compatible con los sistemas impositivos que son parte de los mecanismos de corrupción antidemocrática.

62. En el paradigma actual justifican las exoneraciones y los privilegios fiscales alegando que es la forma de mejorar las tasas de inversión nacional y extranjera porque supuestamente con estos privilegios logramos ser competitivos para la inversión.

63. Este argumento es absurdo porque la mejor manera de lograr la competitividad es con mercados libres, abiertos e incluyentes, con una democracia representativa y con Estado de Derecho.

64. Lo que ocurre con los que enfocan las cosas de esta forma es que observan los síntomas de la corrupción antidemocrática y entonces tratan de remediar estos síntomas y salir del hoyo recurriendo a cavar más

hondo con la concesión de más privilegios y esto es absurdo.

65. Apartando los impuestos de naturaleza inmueble, el sistema impositivo que propongo, y que ya lo había propuesto en el año 1996, está diseñado para que la inclusión económica y la formalidad sean más fácilmente una realidad para todos los ciudadanos.

66. Se trata de depender de un impuesto al consumo final que no gravaría el consumo de bienes de primera necesidad o que puedan mejorar el nivel de confort de las familias y un impuesto sobre la renta que sería moderadamente progresivo.

67. Los productores para la exportación, pequeños, medianos y grandes no pagarían ningún impuesto para la importación o por la compra local de sus insumos y tampoco pagarían impuestos de exportación, de manera que únicamente pagarían impuestos sobre sus rentas.

68. Los productores que fabriquen bienes gravables para la venta local cobrarían el impuesto al consumo final pero no pagarían impuestos por sus insumos.

69. Los distribuidores que importan productos gravables para la venta en el mercado local cobrarían estos impuestos al consumo final al momento de realizar las ventas y no pagarían impuestos de importación.

70. Todas las empresas pararían impuestos sobre sus rentas según su nivel de ingresos y sin dependencia del origen de estas rentas.

71. Los bancos pagarían impuestos sobre sus ganancias netas independientemente del origen de estas ganancias.

72. Los impuestos sobre la renta podrían arrancar con el 10% y subir en tramos hasta llegar al 40% sobre la renta.

73. Lo anterior no significa que no puedan existir impuestos al vicio a tasas más altas que el impuesto general al consumo final o impuestos más altos para algunos bienes suntuarios, o impuestos sobre la renta más altos para las actividades de naturaleza extractiva relativas a la explotación por parte de los dueños de la tierra, o de sus agentes autorizados, de los recursos minerales o arqueológicos que se encuentren en el subsuelo. Como en todos los temas impositivos, la moderación y la prudencia son reglas necesarias para incentivar la acumulación de capitales y la mejoría de los salarios reales en nuestro país.

CAPÍTULO VII

SEXTO ELEMENTO: LEYES DE TRANSPARENCIA Y EN CONTRA DE LA CORRUPCIÓN ANTI-INSTITUCIONALIDAD DEMOCRÁTICA

Transparencia con relación a los niveles de inclusión política, económica y social

1. Tal como he argumentado en este libro, no basta con reconocer lo obvio, que la vida con oportunidades y con libertad bajo normas e institucionalidad democrática, por un lado, y las inclusiones política, económica y social de los ciudadanos, por el otro lado, son interdependientes y dos caras de la misma moneda.
2. La corrupción anti-institucionalidad democrática y no la escasez relativa de recursos de nuestro país, es la principal amenaza al paradigma de la institucionalidad democrática y esto obliga a que la ciudadanía esté informada en tiempo real para que pueda defender sus derechos de manera ordenada y que no se tolere la impunidad en este tipo de corrupción.
3. El sexto elemento clave para consolidar la democracia exige el compromiso ciudadano con las marchas que

sean necesarias, con los partidos políticos democráticos que se comprometan con este paradigma de la libertad y con el ejercicio del voto para asegurar una mayoría legislativa suficiente para garantizar la aprobación de una ley de transparencia en tiempo real y otra ley para tipificar como delitos los actos serios de corrupción anti-institucionalidad democrática y los menores como faltas que se podrán extinguir la primera vez con la restitución del daño causado y el pago de una multa.

4. La ley de transparencia debe permitir acceso a todos los ciudadanos en línea y en tiempo real desde teléfonos móviles, desde cualquier computadora y en los casos más relevantes en el canal de televisión del Estado y debe cubrir: a) Las discusiones relativas al Presupuesto General de la República, las deliberaciones, políticas públicas y decisiones de los poderes del Estado, de los entes autónomos y de investigación y con algunas restricciones también de los partidos políticos, que tengan relación con la inclusión ciudadana. b) El cálculo en tiempo real de los niveles de inclusión política, económica y social e identificación de obstáculos de corrupción antidemocrática relevantes y debe estar disponible en el sitio web de la Contraloría General de la República (CGR) y en el sitio web del Ministerio de Inclusión Ciudadana.

5. La importancia del seguimiento en tiempo real por parte de la ciudadanía de estos indicadores de niveles de inclusión ciudadana y de los obstáculos de corrupción antidemocrática relevantes, estriba en que esto permite medir los avances en la implantación de la institucionalidad democrática y a la ciudadanía y a la opinión pública defenderlos.

6. Con las leyes de transparencia y con la lucha efectiva en contra de la corrupción antidemocrática se lograrán en poco tiempo inmensos avances con relación a los indicadores de inclusión política y económica; en el caso del indicador de inclusión social este avanzará más lentamente porque es el indicador más afectado por la relativa escasez de recursos de nuestro país.

7. Cuando no existe esta transparencia existe una asimetría en la información porque algunos ciudadanos están informados y otros no lo están, y el propósito de estas leyes de transparencia es equiparar el campo de juego en este aspecto.

8. La capacidad de los ciudadanos de incidir en la determinación de la agenda del gobierno de su distrito, de su municipio o la de sus representantes, es mucho mayor cuando existe este nivel de transparencia.

9. Las asignaciones presupuestarias para diversos programas y el buen o mal uso de estos recursos, depende en gran medida de eliminar esta asimetría en el acceso a la información y para esto son indispensables las leyes de transparencia que aquí propongo.

10. Los indicadores de inclusión social deben permitir conocer en tiempo real y para cada comunidad, comarca y municipio la cantidad de niños en edad escolar, la cantidad de niños matriculados, la cantidad de libros en la biblioteca, el nivel de acceso en línea y en centros a programas de superación educativa de adultos, la calidad de atención médica para los programas cubiertos, los niveles de acceso y calidad de la vivienda, calidad de accesos a agua potable, electricidad, transporte público, etcétera.

11. Para medir el nivel de inclusión económica los ciudadanos deben tener acceso en tiempo real de

conocer de cada comunidad, comarca y municipio los niveles de satisfacción con la firmeza en los derechos contractuales y de propiedad privada, acceso al crédito, acceso a comprar insumos y vender productos a precios internacionales, aumentos en la productividad y con la calidad y cantidad de generación de buenos empleos.

12. Los niveles de inclusión política tienen como criterio que en el plano político todos los ciudadanos son iguales y no pueden estar cargados los dados de manera que algunos ciudadanos cuenten más que otros.

13. La inclusión política reporta en tiempo real para cada comunidad, comarca y municipio el número de votantes, los votantes inscritos en cada uno de los partidos abiertos y democráticos, los niveles de participación en partidos políticos democráticos y abiertos, el nivel de libertad de prensa, la posibilidad de influir de los ciudadanos en la toma de decisiones a nivel de los gobiernos locales y del gobierno central, el respeto a las opiniones diversas y la posibilidad legal que tienen los ciudadanos de organizar marchas con libertad y llegar a las puertas del gobierno municipal o de la Asamblea Nacional para que sus representantes presentes de forma ordenada sus reclamos y propuestas de solución realista ante los delegados de la autoridad correspondiente.

14. Como parte de la inclusión política está el empadronamiento con una aplicación telefónica o en línea de todos los ciudadanos que residen en el extranjero de manera que puedan ejercer su derecho al voto sin limitaciones.

La superación de la pobreza requiere inclusión y crecimiento económico

15. En la actualidad Nicaragua tiene altos niveles de pobreza y una pésima distribución del ingreso. Esto es relevante porque no se pueden tomar como representativas las cifras de ingreso per cápita ni las de crecimiento económico cuando la media de ingresos está muy por debajo del promedio aritmético de los ingresos.

16. Para aproximarnos más a la verdad debemos calcular la mediana de ingresos y esto se refiere al ciudadano que tiene igual número de personas ganando más que ganando menos.

17. Si tomamos una población con diez personas y cuatro ganan dos, dos ganan tres, tres ganan cuatro, y uno gana 74, el promedio de ingresos es de diez, pero esto no dice toda la verdad, porque la mediana de ingresos es de apenas tres, y esto es lo que ocurre cuando se habla del ingreso per cápita y no se toma en cuenta la distribución de estos ingresos.

18. Pasa lo mismo cuando se habla de crecimiento económico y este no está bien distribuido. Supongamos que el que ganaba 74 pasa a ganar 76, los tres que ganaban cuatro pasan a ganar cinco y que el ingreso para los otros siete no aumenta. En este caso se puede reportar un crecimiento del 5% en el ingreso promedio, pero esto no dice toda la verdad porque la mediana de ingresos en este caso no creció del todo.

19. En una población con una distribución normal y sin sesgos los ingresos mayores al promedio aritmético serían tan frecuentes como los ingresos menores a este promedio, de manera que el promedio aritmético de

ingresos de la población sería igual a la mediana de ingresos.

20. La distribución de ingresos de Nicaragua no es normal y tiene sesgo grande de un lado porque la pobreza en Nicaragua afecta a un porcentaje bastante alto de la población, de manera que la mediana de ingresos es bastante menor que el promedio aritmético de ingresos.

21. La pobreza urbana, definida como un ingreso per cápita menor a US$4.00 (cuatro dólares) por día con el método de cálculo de la paridad del poder adquisitivo, es la condición de vida para el 68.6% de la población rural y para el 40.4% de la población urbana.

22. La extrema pobreza, definida como un ingreso por persona menor a US$2.00 (dos dólares) por día calculado de la misma forma, afecta al 42.8% de la población rural y al 17.1% de la población urbana.

23. Un interesante estudio del Instituto Centroamericano de Estudios Fiscales (ICEFI) y del CEQ Institute de la Universidad de Tulane (CEQ), concluye que si bien un aumento en la presión fiscal, y una política de gastos bien orientada ayudaría a disminuir la pobreza, los impuestos indirectos la aumentan y las transferencias directas no compensan por este aumento.

24. Según los cálculos de ICEFI y CEQ Institute, si excluimos el impacto de los impuestos indirectos en los pobres y las transferencias a los pobres, la pobreza rural sería del 67.9% y la pobreza urbana 36.8%, y la extrema pobreza rural sería del 43.2% y la extrema pobreza urbana del 14.8%.

25. En el caso de Nicaragua estas cifras son, además, poco confiables porque las entidades estatales, incluyendo las responsables de llevar las fuentes para estos cálculos,

subordinan la verdad a la lucha ideológica por preservar el paradigma actual.

26. Los organismos internacionales podrían realizar cálculos independientes, pero con frecuencia simplemente aceptan las cifras oficiales.

27. En el plano social las principales consecuencias de la corrupción antidemocrática son un gobierno fiscalmente más frágil de lo que la realidad y la prudencia impositiva imponen, e incapaz de atender emergencias con recursos propios y, especialmente, la ausencia del interés y de los recursos necesarios para asegurar la inclusión social.

28. En el plano político la corrupción antidemocrática se traduce en ausencia de soberanía y de inclusión política porque los poderes fácticos se adueñan de decisiones que constitucionalmente corresponden a autoridades legítimamente electas mediante el método democrático.

29. La corrupción antidemocrática impacta negativamente la inclusión económica porque dificulta la acumulación de capitales y la creación de riqueza y de oportunidades en lo que se llama la base de la pirámide, y como resultado de la ausencia de reconocimiento y respaldo del Estado los agentes económicos de la base de la pirámide no enfrentan precios relativos de mercado que les podrían permitir identificar oportunidades productivas y mejor uso de sus recursos incluyendo su trabajo, pagan por encima del precio internacional por los insumos y productos que compran y reciben menos de lo que corresponde en una economía de mercado por sus productos o servicios.

30. La falta de inclusión económica se refleja en la ausencia de una infraestructura de acceso al crédito en

condiciones análogas y no extractivas para la inmensa mayoría de la ciudadanía del campo y la ciudad.

31. La teoría del rebalse económico sostiene que el crecimiento económico ayuda a todos, y esto es cierto en los países en los que ya existe la inclusión ciudadana, pero no es cierto en los países en los que la exclusión ciudadana es la norma y esta es una razón adicional para priorizar la inclusión ciudadana.

32. La inclusión económica, política y social ayuda a que haya más crecimiento económico y que este crecimiento sea incluyente porque trae democracia, firmeza en los derechos de propiedad privada, empoderamiento de los ciudadanos como agentes económicos, opciones verdaderas de precios relativos que les permiten descubrir oportunidades gracias a la existencia de mercados libres y abiertos, capitalización de las élites y de los ciudadanos en general, aumentos significativos en los rendimientos agrícolas de los pequeños y medianos propietarios, revitalización de las ciudades, mejores salarios, mejores oportunidades empresariales a todo nivel para exportar a los mercados mundiales, desarrollo del capital humano con la educación y las nuevas oportunidades, mayor preferencia por la inversión y el trabajo de parte de los ciudadanos y de los residentes porque aumenta la confianza de que se podrá contar mañana con lo que se capitaliza o se ahorra hoy, turismo ecológico, inversión turística, construcción, niveles significativos de inversión extranjera al pasar Nicaragua de ser uno de los 15 países perdedores con relación al índice de derechos de propiedad a ser un país exitoso, y lo mismo con relación a los índices de libertad económica, percepción

de corrupción y vigencia de los derechos civiles y políticos.

33. La prioridad de la inclusión política, económica y social debe reflejarse en acciones concretas en todas las comunidades, comarcas y municipios y especialmente en las rurales que tendrían enormes beneficios con los aumentos en la producción y productividad que estas inclusiones traerían, y que aún ahora representan el 30% del empleo de Nicaragua y el 70% las exportaciones si incluimos su procesamiento.

Transparencia de los representantes de los ciudadanos y de las entidades públicas

34. La transparencia en tiempo real con relación a los presupuestos y financiamientos de las distintas actividades de los poderes del Estado, de las municipalidades y de los entes autónomos son condición necesaria para la inclusión ciudadana.

35. La transparencia en tiempo real también debe existir con relación a la calidad de los servicios de inclusión brindados por el Estado.

36. Las clasificaciones de las escuelas públicas y de las privadas que reciben subvenciones de parte del Estado, con relación al cumplimiento con parámetros nacionales e internacionales de aprendizaje de estudiantes, retención escolar, satisfacción de los padres de los estudiantes, satisfacción de los estudiantes, avance al siguiente curso, calidad de las aulas, biblioteca, acceso en línea a programas de superación educativa, cursos de colocación avanzada, facilidades deportivas,

complemento alimenticio y calidad docente, deben estar disponibles en tiempo real.

37. Los hospitales y clínicas públicas, o que reciban subvenciones por parte del Estado, deben brindar información en línea y en tiempo real sobre la clasificación de cada uno de estos hospitales y clínicas conforme a parámetros internacionales y sobre los programas que ofrecen, intervenciones quirúrgicas que atienden y tiempos de espera, comportamiento de la unidad de urgencias, disponibilidad de medicinas para los programas que atienden, categorización de los médicos según los pacientes, limpieza del hospital o clínica, disponibilidad de baños y materiales de aseo e higiene en general.

38. Como la inclusión social presupone el acceso generalizado por parte de todos los ciudadanos a los servicios básicos de salubridad pública, agua potable, luz eléctrica y transporte público, sujeto naturalmente a las posibilidades presupuestarias, la clasificación de la disponibilidad y la calidad de estos servicios para cada municipio y comarcas aledañas debe estar disponible en línea y en tiempo real.

39. La firmeza de los derechos contractuales y de propiedad privada son condiciones necesarias para la inclusión económica y la creación de oportunidades para los ciudadanos y por esta razón todos los ciudadanos por igual deben tener acceso en línea y en tiempo real a los registros públicos de la propiedad y al seguimiento del cumplimiento de las sentencias judiciales con relación a temas contractuales y de propiedad privada.

Leyes de transparencia con relación a los partidos políticos

40. El segundo elemento para garantizar el paradigma de la libertad y las oportunidades son los partidos políticos democráticos y para superar la tradición bien enraizada en Nicaragua de partidos políticos que funcionan como tribu y tienen un caudillo, una de las condiciones necesarias es la más completa transparencia.

41. Esta transparencia es necesaria con relación la verdad del poder dentro del partido, que con frecuencia no coincide con las autoridades formales y los partidos políticos democráticos no pueden tener un caudillo que está por encima de las normas internas del partido ni en lo formal ni en lo real.

42. Una de las maneras más comunes que usan los compinches y los aspirantes a compinches para lograr sus propósitos en contra del paradigma de la libertad y las oportunidades es el financiamiento secreto de los partidos.

43. Para evitar estos financiamientos secretos, ya sea de parte de compinches o de parte de otros poderes fácticos, incluyendo gobiernos extranjeros, deben estar disponibles en tiempo real las fuentes y usos de recursos de los partidos políticos.

44. Conforme con los principios de la igualdad política, de una persona un voto y de soberanía popular, se debe establecer un monto máximo de contribución a los partidos políticos y a las campañas políticas de parte de las personas y de las empresas y esta información debe estar disponible en tiempo real.

45. Los gobiernos extranjeros no deben poder financiar los partidos políticos ni las campañas políticas.

46. Un tema central para la transparencia y para la legitimidad del método democrático es que no haya dinero negro en el financiamiento de los partidos ni en las campañas políticas.

47. Se considera dinero negro el que viene de actividades ilícitas incluyendo actos de rapiña en contra del Estado. La transparencia en cuanto a las fuentes y usos de fondos de los partidos que tiene que ser en tiempo real permite detectar estas situaciones antes que hagan daño.

48. Los partidos políticos deben tener una contraloría interna que aprueba los gastos e inversiones antes que estos se realicen y estas aprobaciones deben indicar el origen de fondos y estar disponibles en tiempo real mediante una aplicación telefónica y en línea.

49. Una de las maneras más importantes para garantizar una sociedad democrática es asegurando un buen nivel de diálogo entre ciudadanos a lo interno de los partidos políticos y a todo nivel empezando con las comunidades, las comarcas, los distritos, los municipios, los departamentos y a nivel nacional.

50. La transparencia en tiempo real con relación a la existencia de estos diálogos y su calidad es una de las tareas importantes de las unidades de capacitación de los partidos políticos.

51. Con la inclusión política se busca un verdadero empoderamiento ciudadano y esto es extensivo a los miembros de los partidos políticos democráticos que deben ser agentes de ellos mismos e intentar persuadir con argumentos sólidos a otros de sus puntos de vista con completa libertad.

52. Estos debates internos son muy relevantes porque ayudan a mejorar el entendimiento sobre lo que pide la ciudadanía para cada unidad de gobierno y a ampliar las ofertas del partido sujetas a sus principios.

La anticorrupción

53. Dos temas indispensables para combatir la corrupción antidemocrática son: I. Incluir con todo su alcance al Estado de Derecho en la nueva Constitución, de manera que todas las leyes cumplan con los principios específicos del Estado de Derecho. II. Tipificar el delito de corrupción anti-institucionalidad democrática en el Código Penal.

54. Con la inclusión en la Constitución del requisito de que todas las leyes cumplan con los principios específicos del Estado de Derecho se desmantelan los sustentos legales de los privilegios políticos, ideológicos y económicos de los compinches porque todos ellos son incompatibles con el Estado de Derecho. Esta es la medida preventiva más efectiva contra la corrupción anti-institucionalidad democrática que puede adoptar un país.

55. La ley que tipifica la corrupción anti-institucionalidad democrática es una ley extremadamente importante que es necesario que cuente con verdadero respaldo ciudadano en sus etapas de discusión, aprobación y aplicación.

56. La nueva Fiscalía debe contar con suficiente personal cualificado, presupuesto e instrumentos adecuados congruentes con el Estado de Derecho para que sea poderosa y efectiva.

57. Esta nueva Fiscalía debe realizar sus propias investigaciones sin involucrar a los cuerpos policiales que se deben dedicar a las tareas que les corresponden que no deben incluir este tipo de investigaciones.

58. Le corresponden a esta nueva Fiscalía la investigación de posibles actos de corrupción anti-institucionalidad democrática de parte de los miembros de los poderes del Estado y los de los sujetos activos de este tipo de corrupción entre los compinches.

59. La independencia de esta nueva Fiscalía es condición necesaria para su efectividad, de manera que ninguno de los poderes del Estado debe tener poder de dirigir o de parar las investigaciones que realiza, aunque tanto el Presidente de la República, como el Senado, deben poder solicitarle de manera pública y transparente que nombre a un Fiscal Especial para que investigue algún tema de interés público relacionado a la corrupción anti-institucionalidad democrática.

60. Los investigadores dentro de la Fiscalía deben contar con la independencia y el respaldo presupuestario necesario para poder iniciar investigaciones y realizarlas con efectividad.

61. Los procedimientos, medios y ética que deben seguir los fiscales de esta nueva Fiscalía deben estar especificados en la ley que aprobará el Poder Legislativo, de manera que esta nueva Fiscalía tendrá que apegarse de manera estricta a estos procedimientos y a estos medios y a esta ética y no tendrá poder de reglamentar su ley creadora.

62. El control de la corrupción anti-institucionalidad democrática es un bien público que debe contar con el respaldo de los ciudadanos y de la opinión pública y para preservar estos respaldos es indispensable que

esta nueva Fiscalía sea realmente independiente y fiel a su ley creadora con relación a procedimientos, medios y ética; y que informe con transparencia en los momentos en que tenga pruebas suficientes y las autorizaciones necesarias como para acusar, pero no debe ni confirmar ni negar nada con relación a las investigaciones en curso.

63. La política de tolerancia cero con la corrupción anti-institucionalidad democrática es necesaria para erradicar este gran obstáculo a la institucionalidad democrática, y para esto la ley debe establecer la clasificación de las penas que solicitará esta nueva Fiscalía ante los tribunales independientes según la gravedad de los delitos cometidos.

64. La ley creadora de esta nueva Fiscalía debe especificar estas penas y deben ser función de varios factores entre los que deben figurar la probabilidad de que se pueda descubrir y probar el hecho, la gravedad del hecho y si se trata de uno o de varios delitos, la reincidencia del acusado, y su cooperación con la investigación, entre otros. A mayor probabilidad de probar los hechos por los que se acusa la pena debe ser menor.

65. Estas penas deben ser muy leves para infracciones menores y deben excluir la posibilidad de pérdida de la libertad porque la probabilidad de probar estos hechos es muy alta, especialmente si la ley contempla medios de prueba basados en la tecnología moderna.

66. La idea es que los funcionarios públicos y los partidos políticos y las empresas privadas lleguen al convencimiento de que aunque las penas sean leves, la probabilidad de que los descubran y de que aparezcan informantes es muy alta, y que la relación costo – beneficio está claramente en contra de los que

se involucran en la corrupción anti-institucionalidad democrática.

67. Este mismo principio aplica con relación a los delitos mayores contra la institucionalidad democrática, la pena que se contempla debe tener una relación inversa con la probabilidad de que se puedan demostrar los hechos por los que se acusa. Y la probabilidad de que la política de tolerancia cero tenga éxito va a estar directamente relacionada a que esta nueva Fiscalía tenga un índice muy alto de condenas, y este índice se mueve en relación inversa con la dureza de las penas.

68. Estos empujoncitos si se logran aplicar con cuasi-certeza tienen mucho más impacto en disminuir la corrupción anti-institucionalidad democrática que la fijación en los grandes casos y la búsqueda de penas ejemplares.

69. En todos los casos de corrupción anti-institucionalidad democrática la pena debe incluir la restitución del beneficio obtenido.

70. En los casos de corrupción anti-institucionalidad democrática del nivel de gravedad que defina la ley, la nueva Fiscalía podrá acusar únicamente después de lograr que un Gran Jurado de personas de nivel profesional o académico que no sean parte afectada o parte interesada confirmen que existen las pruebas necesarias para acusar, todo esto conforme con los procedimientos que establezca la ley.

71. Conforme con el Estado de Derecho, los acusados deben enfrentar a la nueva Fiscalía en un tribunal independiente y deben contar con todas las garantías procesales incluyendo que su juicio sea ante un jurado de sus iguales en algún aspecto relevante y

que este jurado determine la existencia o la ausencia de culpabilidad.

72. El conjunto de acciones que recomendamos en este capítulo con relación a la transparencia y a la anticorrupción tendrán el efecto de cambiar la percepción ciudadana con relación a las conductas que son aceptadas o toleradas, y esto abona a la estrategia de tolerancia cero.

73. Es importante tener presente que la corrupción antidemocrática es un impuesto contra la inclusión económica, política y social de los ciudadanos, y que lo único que deja es devastación económica, emigraciones, pobreza y crisis humanitarias.

74. La corrupción antidemocrática encarece los costos de producción, baja la competitividad, reduce la seguridad jurídica, crea un mal clima de inversión y perjudica la confianza en los gobernantes y entre los ciudadanos e impide la buena marcha de las políticas públicas.

CAPÍTULO VIII

SÉPTIMO ELEMENTO: SUBSIDIARIDAD, PODER LOCAL, ORGANIZACIONES INTERMEDIAS Y VOLUNTARIAS

1. El principio de la subsidiaridad establece que las situaciones que se puedan resolver a nivel local no deben resolverse a nivel del gobierno central y que las autoridades civiles se deben abstener de intervenir en la resolución de situaciones que se pueden resolver en las asociaciones voluntarias.

2. Las alcaldías deben ser autónomas y la delegación de funciones a los alcaldes y consejos municipales debe estar claramente establecido en la nueva Constitución Política.

3. En la práctica esto significa que la Asamblea Nacional debe únicamente fijar normas generales y objetivos en lo que respecta a las tareas que les corresponde a desempeñar a las alcaldías, en vez de involucrarse en regular los medios específicos que cada alcaldía utilizará para estos fines.

4. Los ciudadanos como sujetos activos del método democrático deben elegir autoridades locales mediante este método y estas deben responderles a ellos con transparencia y en el marco de la ley.

5. Las alcaldías deben ser los interlocutores del gobierno central y para los temas departamentales la cabecera departamental, de manera que los programas de los ministerios de Estado que los afectan deben contar con su autorización.

6. Los impuestos que cobren las alcaldías deben estar establecidos por ley en el Poder Legislativo y deben ser de carácter general.

7. Las alcaldías pueden impulsar programas y financiarlos con emisión de bonos en el mercado de capitales nacional o mediante financiamiento de la banca privada o en inversiones mixtas, pero el marco general para estas operaciones los establecerá la ley.

8. La nueva Constitución Política debe asignarles a las cabeceras departamentales y a las alcaldías el papel central con relación a la inclusión social de los ciudadanos bajo su jurisdicción porque ellas están más cerca de estos ciudadanos que el gobierno central.

9. Como la inclusión social obliga a la igualdad de oportunidades frente al Estado y a cumplir con estándares internacionales medibles, a las alcaldías les va a corresponder documentar sus solicitudes al Poder Legislativo de manera que las zonas rurales reciban los recursos necesarios para asegurar estos estándares y esta equiparación de inclusión social en un plazo razonable.

10. Los programas de inclusión social que le corresponden a las alcaldías incluyen a la educación pública, los programas de salud que la ley enumere como cubiertos para todos los ciudadanos por igual y los programas de salubridad, aunque estos programas se financien en gran parte con recursos provenientes del gobierno central.

11. La ley contemplará la elección directa de los Consejos Escolares por parte de los residentes en los municipios y por parte de los residentes en la cabecera departamental, además de los residentes del departamento no incluidos en un municipio. A estos Consejos les tocará resolver sobre cuáles escuelas serán públicas y cuáles privadas, financiadas por el Estado y sin fines de lucro. Queda a nivel local la decisión de rezar o no en las escuelas antes de empezar las clases.

12. En los temas de infraestructura y apoyo al aumento de la productividad agrícola a las alcaldías les corresponde un papel central que deben desempeñar con autonomía y en coordinación con el gobierno central.

13. Las policías municipales estarán a cargo de las funciones policiales de su municipio y las de las cabeceras departamentales del resto de sus departamentos, y reportarán a los alcaldes y consejos municipales.

14. La nueva Constitución Política debe establecer una clara independencia y separación de atribuciones entre la Policía Nacional y las policías municipales y departamentales.

15. El principio de subsidiaridad reconoce a la familia como la unidad básica de la sociedad y el ambiente óptimo para el desarrollo de las personas, por lo que es necesaria la protección en la nueva Constitución Política contra leyes diseñadas para minarla.

16. A las asociaciones privadas voluntarias tales como los clubes, directivas de cuadra, directivas de barrios, padres de familia que le dan seguimiento a la seguridad, a la educación, a los programas de salud y otros les toca jugar un papel muy importante en el fortalecimiento de la comunidad que es muy importante para el

desarrollo de la persona humana y, en consecuencia, de los ciudadanos.

17. Los círculos viciosos de criminalidad y represión son propios de las ciudades en las que la inclusión ciudadana es muy deficiente y en las que un Estado capturado por la corrupción anti-institucionalidad democrática ha logrado destruir a las asociaciones privadas voluntarias y suplantar a las autoridades locales.

18. La criminalidad callejera es una forma de corrupción anti-institucionalidad democrática que se logra controlar cuando se combinan una fiscalía fuerte con la inclusión ciudadana, autoridades locales y asociaciones privadas voluntarias.

19. El vandalismo se desarrolla cuando no existe verdadero sentido de comunidad porque no hay autoridades locales con autonomía que responden y están cerca de los ciudadanos, por esto no se desarrollan los vínculos y los respetos que acompañan a las asociaciones privadas voluntarias.

20. En lo que respecta a la inclusión civil es necesario que: I. Cada departamento elija de manera directa a sus representantes ante el Poder Legislativo para fortalecer el vínculo entre ciudadanos mandantes y sus representantes. II. Estos representantes sean candidatos de partidos políticos después de una votación primaria local, o sean candidatos directos de los ciudadanos por suscripción popular. III. Los candidatos a miembros de los Consejos Municipales y a alcaldes que hayan ganado una primaria de su partido a nivel local, o que compitan después de alcanzar por suscripción popular al lograr el número de firmas locales que establezca la ley. IV. Que la nueva Constitución Política estipule

que los representantes ante el Poder Legislativo han logrado el respaldo de sus votantes con base a su criterio y a la estima de los ciudadanos, de manera que no pierden su curul si no votan con su partido o cambian de partido.

CONCLUSIONES

1. En este libro he presentado las razones por las que considero que estos siete elementos son las claves para lograr la institucionalidad democrática.

2. Estos elementos claves los he sustentado en principios, ideas, creencias y lecciones de la historia cuya verdad confío que he logrado demostrar.

3. La búsqueda de la verdad exige rigurosidad intelectual e independencia de las opiniones comunes que generalmente sustentan el *status quo* que en Nicaragua es el paradigma de los compinches.

4. En caso que usted, estimado lector, esté de acuerdo con la verdad de estos elementos claves, es importante que los aplique como coladores en los momentos en que le corresponda valorar diferentes opiniones sobre los temas que hemos presentado en este libro.

5. Estos coladores le servirán para descartar las ideas y creencias incompatibles con nuestros entendimientos con relación a la naturaleza de la corrupción anti-institucionalidad democrática.

6. Espero que este libro estimule el diálogo inteligente sobre estos temas y que ayude a que exista un mayor nivel de proactividad de parte de los ciudadanos con relación a alcanzar la meta de la institucionalidad democrática porque nos toca a nosotros, a nadie más.

APÉNDICE I

DEFECTOS ADICIONALES DE LA CONSTITUCIÓN POLÍTICA DE 1987 Y SUS REFORMAS

1. En los principios fundamentales el artículo 1 se refiere a la soberanía como a un concepto abstracto, sin dejar claro que la expresión concreta de la soberanía es la Constitución Política.

2. El artículo 3 es una declaración política de solidaridad con los pueblos. El artículo 4 reconoce a la persona, la familia y la comunidad, pero desde perspectivas socialista y valores generales, que son ideológicas. En el artículo 5 reitera los ideales socialistas y la «democracia económica que redistribuya la riqueza nacional y erradique la explotación entre los seres humanos» a la par de la libertad, la justicia, el respeto a la dignidad de la persona humana y el pluralismo político que son principios fundamentales opuestos a estos ideales socialistas.

3. En el artículo 7 se hace referencia a que la democracia se ejerce «de forma directa, participativa y representativa», pero no se explica el alcance de estos conceptos. Este mismo artículo se refiere a las funciones delegadas del «Poder Soberano» lo que es un absurdo, puesto que la expresión concreta de la soberanía es precisamente

la Constitución Política y en esta expresión concreta se estaría refiriendo en tercera persona a lo que esta Constitución Política estipula. Por otro lado, si este artículo se refiere a que la soberanía reside en el pueblo y que la Constitución Política es únicamente la expresión concreta de esta soberanía, se trata de una pésima redacción.

4. El artículo 23 correctamente se refiere a que el derecho a la vida es inviolable e inherente a la persona humana, a este artículo es necesario añadirle que «el derecho a la vida es inviolable desde la concepción hasta la muerte natural».

5. En el artículo 25 se menciona que toda persona tiene derecho a: I. La libertad individual. II. Su seguridad. III. Al reconocimiento de su personalidad y capacidad jurídica. IV. La propiedad privada de los bienes muebles e inmuebles y de los instrumentos y medios de producción. Pero no se menciona nada aquí con relación al Estado de Derecho o con relación a la inclusión política, económica y social de los ciudadanos

6. El artículo 45 estipula que toda persona goza de protección estatal y del reconocimiento de los derechos inherentes a la persona humana, aquí se debe especificar que son a la vida desde la concepción hasta la muerte natural, la libertad, la seguridad y la propiedad privada. Como este artículo también se refiere a declaraciones ideológicas sobre derechos humanos, debe añadirse que estas declaraciones internacionales tendrán vigencia con excepción de los artículos que contradigan nuestra Constitución Política.

7. El artículo 48 estipula que es «obligación del Estado eliminar los obstáculos que impidan de hecho la igualdad entre los nicaragüenses y su participación

efectiva en la vida política, económica y social del país». Este nivel de imprecisión no es aceptable ya que los derechos no deben ser declarativos, y la idea abstracta de la igualdad de hecho es una posición ideológico absurda y sin sentido.

8. El artículo 49 enumera de manera taxativa los que en Nicaragua tienen derecho a constituir organizaciones y excluye a los hombres y a los empresarios, esto es absurdo. Basta con decir todos y no entrar en listas taxativas o exclusiones.

9. El artículo 57 dice que los «nicaragüenses tienen el derecho al trabajo acorde con su naturaleza humana», esto es impreciso, debe decir que los trabajos que desempeña deben ser acordes con la naturaleza humana o que tienen derecho a exigir un trabajo en caso que no lo tengan, la pregunta sería ¿de quién? y caeríamos en los buenos deseos que no deben tener cabida en una Constitución Política que se toma en serio.

10. El artículo 59 estipula que los «nicaragüenses tienen derecho por igual a la salud», esto debe precisarse porque debe referirse a igual acceso a la salud que brinde el Estado.

11. El artículo 60 que tiene que ver con las responsabilidades ecológicas debe ser específico y no declarativo o incoherente. Este artículo estipula que el «bien común supremo y universal, condición para todos los demás bienes, es la madre Tierra; esta debe ser amada, cuidada y regenerada». Este lenguaje es propio de la ideología ecologista, que es algo muy distinto del compromiso concreto y exigible con la defensa del medio ambiente. Pero se pone peor, a continuación, este artículo dice que el «bien común de la Tierra y de la humanidad nos pide que entendamos la Tierra como viva y sujeta

de dignidad». Se trata de una simple declaración que no debe tener cabida en la Constitución Política. También dice que el «Estado de Nicaragua asume y hace suyo en esta Constitución Política el texto íntegro de la Declaración Universal del Bien común de la Tierra y de la Humanidad». Igual que con todas las declaraciones ideológicas internacionales, debe decir que con excepción de los artículos que contradigan nuestra Constitución Política.

12. El artículo 92 establece que «el Ejército es la institución armada para la defensa de la soberanía», aquí se entiende soberanía como integridad territorial y así se debe decir, porque como la expresión concreta de la soberanía es la Constitución Política, podría pensarse que esto se refiere a que el Ejército defiende la Constitución Política y no es la idea, debe acatarla, pero no le toca defenderla. Este mismo artículo dice que el presidente, en consejo de ministros, podrá ordenar «la intervención del Ejército de Nicaragua» en apoyo de la policía «cuando la estabilidad de la república estuviere amenazada por grandes desórdenes internos, calamidades o desastres naturales». Esta facultad debe estar en manos de una mayoría calificada del Senado y no en manos del presidente en consejo de ministros.

13. El artículo 98 establece que el Estado «debe cumplir a través del impulso de políticas públicas y sociales un rol de desarrollo del sector privado, facilitando el desempeño de las empresas formales existentes». Y que esto «se impulsará a través de un modelo de alianza del gobierno con el sector empresarial pequeño, mediano y grande y los trabajadores bajo el diálogo permanente en la búsqueda de consensos». Este es el paradigma de los compinches que es incompatible

con el Estado de Derecho y la verdadera economía de mercado. Este artículo se debe eliminar.

14. El artículo 99 establece que «el Banco Central de Nicaragua es el ente estatal regulador del sistema monetario» pero no lo vincula a la estabilidad monetaria y al mantenimiento del poder adquisitivo relativo de la moneda y esto es un error, puesto que si se menciona el Banco Central de Nicaragua (BCN) se debe especificar su propósito.

15. El artículo 101 retoma el paradigma de los compinches que ya estaba en el artículo 98 y dice que los «trabajadores y demás sectores productivos, tanto públicos como privados, tienen el derecho de participar en la elaboración, ejecución y control de los planes económicos» y que esto se hará «conforme con el modelo de diálogo, alianza y consenso impulsado por el Estado». Todo esto es absurdo puesto que el sujeto activo del gobierno no son los ciudadanos en una democracia representativa, y esta alianza impulsada por el Estado es corrupción anti-institucionalidad democrática.

16. El artículo 102 establece que «los recursos naturales son patrimonio nacional» que es una redacción ambigua porque quiere decir propiedad del Estado ya que más adelante especifica que «la conservación, desarrollo y explotación racional de los recursos naturales corresponden al Estado» y «este podrá celebrar contratos de explotación racional de estos recursos». Como reservas no significa lo mismo que aprovechamiento de estas reservas y como estamos planteando cero exoneraciones, exenciones y privilegios, lo que tiene sentido es que el dueño de la tierra sea el dueño del subsuelo ya que la posibilidad de

explotación racional y real es mayor si un ciudadano privado está defendiendo sus intereses. Naturalmente que debe existir una ley carácter general elaborada y aprobada por el Poder Legislativo que especifique las condiciones bajo las cuales se podría dar esta explotación privada del subsuelo, qué control existiría para multar las externalidades que pueda ocasionar esta explotación privada y qué tasa impositiva aplicaría.

17. El artículo 112 se refiere a la Ley de Presupuesto General de la República que «tiene vigencia anual y su objeto es regular los ingresos y egresos ordinarios y extraordinarios de la administración pública». Como ya hemos dicho, la elaboración y aprobación de la Ley de Presupuesto General de la República debe ser responsabilidad exclusiva del Poder Legislativo y el Poder Ejecutivo únicamente podrá hacer propuestas, igual que cualquier diputado. Este es el único mecanismo con el que contará el Poder Legislativo para frenar la ambición del Poder Ejecutivo y es necesario para evitar caer de nuevo en una tiranía.

18. El artículo 113 que le asigna al Poder Ejecutivo «la formulación del Proyecto de Ley Anual del Presupuesto» se debe anular.

19. El artículo 116 que se refiere a la educación es ideológico porque habla de dotar a los nicaragüenses de «conciencia crítica» y «capacitarlo para asumir las tareas de interés común que demanda el progreso de la nación». Este artículo sobra.

20. El artículo 117 es ideológico marxista y habla de la educación «que vincula la teoría con la práctica» y que «cultiva los valores propios del nuevo nicaragüense». Este artículo sobra.

21. El artículo 119 estipula que la educación «es función indeclinable del Estado. Corresponde a este planificarla, dirigirla y organizarla». Este tema de la educación, al igual que las funciones de policía y de salud podrían desempeñarse mejor a nivel municipal o distrital, conforme con el principio ya expuesto de la subsidiaridad, que debe ser un principio Constitucional.

22. A nivel municipal y distrital deben existir elecciones regulares para elegir una junta para las escuelas que debe elaborar y aprobar con la participación de la comunidad los planes escolares. El Poder Legislativo debe aprobar una ley que especifica estándares educativos para cada curso escolar, pero no debe dictar los medios que se deben emplear ya que esto último debe quedar como responsabilidad local. En algunos casos las juntas escolares se harán cargo directamente de las escuelas y en otros podrán traspasar los fondos que reciben por escuela a empresarios escolares. En algunos casos la junta escolar, con el apoyo de la comunidad, permitirá rezar un *Padrenuestro* antes de iniciar las clases y en otros no, pero esto será siempre una decisión local.

23. El artículo 121 establece que «la educación es libre e igual para todos los nicaragüenses». Supongo que esto significa que los estándares mínimos son los mismos para cada curso escolar en todas las escuelas y esto debe decirse de manera precisa para evitar ambigüedades. Continúa diciendo este artículo que la «enseñanza primaria es gratuita y obligatoria en los centros del Estado». Y que la enseñanza secundaria es gratuita en los centros del Estado, sin perjuicio de las contribuciones voluntarias que puedan hacer los padres de familia. Tanto la educación primaria como

la secundaria deben ser gratuitas y obligatorias y con una merienda incluida, pero no como aspiración, sino que como algo prioritario en el presupuesto.

24. El artículo 124 establece que «la educación en Nicaragua es laica» y que el «Estado reconoce el derecho de los centros privados dedicados a la enseñanza a impartir religión como materia extracurricular». Este mismo derecho deben tener las escuelas locales financiadas con los recursos del Estado ya sean de la Junta Escolar local o privadas.

25. El artículo 129 establece que los poderes del Estado «son independientes entre sí y se coordinarán armónicamente, subordinados únicamente a los intereses supremos de la nación y a lo establecido en la presente Constitución Política». Como ya vimos, este requisito de la coordinación armónica es incompatible con la verdadera separación e independencia de los poderes que presupone que cada uno de los poderes tiene algún mecanismo para frenar la ambición y abuso de los otros poderes. Y, en cuanto a que están «subordinados a los intereses supremos de la nación» esto no añade nada y no es claro, de manera que no debe estar ahí.

26. El artículo 130 establece que los «funcionarios electos por la Asamblea Nacional continuarán en el ejercicio de su cargo, después del vencimiento de su mandato para el que fueron electos, hasta que sean elegidos y tomen posesión quienes deban sustituirlos de conformidad a la Constitución Política». Esto es absurdo, cuando acaba su período tienen que irse y el Poder Legislativo debe poder elegir a quienes los reemplazan en tiempo y forma.

27. Este mismo artículo establece la norma de inmunidad para muchos funcionarios públicos. Esta protección, tal como está redactada, es exagerada e innecesaria y con facilidad se convierte en impunidad y no cabe con relación a los supuestos delitos cometidos antes de que asumieran el cargo. En todo caso, mientras los funcionarios se amparan en la inmunidad, el tiempo para la prescripción de los delitos debe entrar en suspenso hasta que dejen el cargo. Tampoco tiene sentido que en «los casos de privación de inmunidad por causas penales contra el presidente o el vicepresidente de la república, una vez privados de ella, es competente para procesarlos la Corte Suprema de Justicia (CSJ) en pleno». Deben ser procesados por el juez que conoce el caso y no por la Corte Suprema de Justicia (CSJ).

28. En el artículo 130 de nuevo aparece la figura del «Poder Soberano» en mayúscula con el siguiente texto, en «todas las funciones del Poder Soberano establecidas en esta Constitución Política». Esto no tiene sentido porque esta Constitución Política no establece ninguna función para el «Poder Soberano». De hecho, una vez que los representantes de la soberanía popular constituidos en la Asamblea Constituyente promulgan la Constitución Política ya pueden irse a su casa y la expresión concreta de la soberanía pasa a ser la propia Constitución Política. No existe el tal «Poder Soberano» al que le ha delegado funciones la Constitución Política. Sin duda se trata de algún sin sentido esotérico y no cabe en la nueva Constitución Política.

29. El artículo 131 establece que los «funcionarios electos mediante sufragio universal por listas cerradas propuestas por partidos políticos, que se cambien de opción electoral en el ejercicio de su cargo, perderán

su condición de electo debiendo asumir el escaño su suplente». Esto es absurdo, los funcionarios deben ser electos de manera directa por su distrito, ciudad o departamento, no deben tener suplente y se espera que participen en las discusiones según su mejor juicio. El escaño es de ellos y no de su partido político.

30. Continúa el artículo 131 con que para «el caso de los funcionarios electos mediante el voto popular por listas cerradas propuestas por los partidos políticos bajo el principio de la proporcionalidad, Diputados ante la Asamblea Nacional, Diputados al Parlamento Centroamericano, Concejales Municipales, Concejales Regionales, las listas de candidatos deberán estar integrados por un cincuenta por ciento de hombres y un cincuenta por ciento de mujeres, ordenados de forma equitativa y presentados de forma alterna; igual relación de género deberán mantener entre propietarios y suplentes donde los hubiere». Esto es pura ideología de género y no tiene cabida en la Constitución Política de la libertad, por un lado, y el concepto de «funcionarios electos mediante el voto popular por listas cerradas propuestas por los partidos políticos bajo el principio de la proporcionalidad» es incompatible con el paradigma de libertad y prosperidad que proponemos.

31. El artículo 132 establece que: «La Asamblea Nacional está integrada por noventa diputados con sus respectivos suplentes elegidos por voto universal mediante el sistema de representación proporcional». Nuestra propuesta es un Poder Legislativo bicameral, con un Senado y una Cámara de Diputados y sin suplentes, que deben ser electos directamente por sus departamentos en los casos de los senadores y los

diputados según la población y de manera directa en los distritos, ciudades y departamentos. No caben ni senadores ni diputados nacionales. El número total entre senadores y diputados debe ser menor a 90.

32. Este mismo artículo dice que: «se establece la obligatoriedad de destinar un porcentaje suficiente del Presupuesto General de la República a la Asamblea Nacional». Esto desaparecerá en la nueva Constitución Política porque será el Poder Legislativo el que elaborará y aprobará la Ley de Presupuesto General de la República que estará bajo su responsabilidad.

33. El artículo 133 establece que también «formarán parte de la Asamblea Nacional como diputados, propietario y suplente respectivamente, el expresidente de la república y ex vicepresidente electos por el voto popular directo en el período inmediato anterior y, como diputados, propietario y suplente los candidatos a presidente y vicepresidente de la república que participaron en la elección correspondiente y hubiesen obtenido el segundo lugar». Este artículo no cabe porque tiene como propósito la inmunidad que es parte de la corrupción anti-institucionalidad democrática. El que termina su período que se vaya a su casa y el que perdió la elección también.

34. El artículo 134 establece las condiciones para ser diputado y una de las condiciones es «haber cumplido veintiún años de edad». Las edades para los candidatos a diputados y senadores las debe decidir la Asamblea Constituyente, pero como se le elige por su buen juicio, en ambos casos debe ser bastante mayor a los veintiún años de edad.

35. El artículo 138 establece las atribuciones de la Asamblea Nacional y, aparte que con la nueva Constitución

Política el Poder Legislativo será bicameral, la primera modificación es que el Proyecto de Ley Anual de Presupuesto General de la República lo elaborará y aprobará el Poder Legislativo.

36. Este artículo establece que le corresponde a la Asamblea Nacional «la interpretación auténtica de la ley». Si se refiere a que, si una ley dice una cosa, o dice otra sí. Pero si se refiere a la constitucionalidad de la ley, no.

37. El numeral 7 de este artículo establece con relación a la Corte Suprema de Justicia (CSJ) que «se elegirán ocho Conjueces con los mismos requisitos y procedimientos con el que se nombran a los Magistrados de la Corte Suprema de Justicia (CSJ)». Los conjueces no caben, igual que no caben los suplentes en los cargos de elección popular.

38. El numeral 8 se refiere a «los magistrados, propietarios y suplentes del Consejo Supremo Electoral». Debemos adoptar el concepto de Instituto electoral, esta función no amerita que sea un poder del Estado.

39. El numeral 28 refiere que le corresponde también a la Asamblea Nacional «aprobar, rechazar o modificar el Decreto del Poder Ejecutivo que declara la Suspensión de Derechos y Garantías Constitucionales o el Estado de Emergencia, así como sus prórrogas». Esto se debe modificar para que lea «autorizar a petición del Poder Ejecutivo el Decreto que declara la Suspensión de Derechos y Garantías Constitucionales o el Estado de Emergencia».

40. El numeral 30 le da a la Asamblea Nacional la atribución de ratificar «en un plazo no mayor de quince días hábiles el nombramiento hecho por el presidente de la república a ministros y viceministros de Estado y otros cargos». Esto debe modificarse para que lea que

la Asamblea Nacional debe confirmar el nombramiento para estos cargos a las personas propuestas por el presidente si le parecen y que únicamente pueden asumir sus cargos con el nombramiento aprobado por la Asamblea Nacional.

41. El artículo 141 se refiere a la reglamentación de las leyes por parte del Poder Ejecutivo y establece que la «Junta directiva de la Asamblea Nacional encomendará la reglamentación de las leyes a la Comisión respectiva para su aprobación en el Plenario cuando el presidente de la república no los hiciere en el plazo establecido».

42. Esta moda de aprobar leyes marco en la Asamblea Nacional y delegar el reglamento de estas leyes, la carne en realidad, al Poder Ejecutivo o al ministerio correspondiente, otorgándole a estos ministerios o entes autónomos funciones cuasi legislativas, es producto de un mal entendido en cuanto a la formación de las políticas económicas.

43. Las razones que se aducen para este proceder son que esto es lo que hacen otros países, o que esto es lo que recomienda el Banco Mundial o el Banco Interamericano de Desarrollo (BID) ya que de esta forma el ministerio puede contratar los servicios de retirados del Banco Mundial o del BID para que ayuden al ministerio a reglamentar estas leyes.

44. Pero este proceder no es compatible con un gobierno constitucional y limitado porque al entregarle funciones cuasi legislativas al Poder Ejecutivo se anulan los contrapesos necesarios al Poder Ejecutivo, se facilita la corrupción puesto que con frecuencia se reglamentan estas leyes en los ministerios y entes autónomos a puerta cerrada y bajo la influencia y para beneficio de algunos

de los que serán regulados por esta ley, de manera que la ley deja de ser de carácter verdaderamente general.

45. Las objeciones más importantes a la delegación de funciones cuasi legislativas al Poder Ejecutivo, sin embargo, son: I. Que la separación de poderes presupone una Asamblea Nacional deliberante, con diputados electos directamente por su ciudad porque confían en su buen criterio, que son dueños de su diputación, que proponen, debaten, cuestionan y votan con relación a las diversas propuestas de ley según su criterio. II. Las decisiones sobre las leyes o el reglamento de estas leyes, ya sea que afectan a la economía, la seguridad, el presupuesto o los programas sociales no pueden dejarse en manos de supuestos expertos o a merced del Poder Ejecutivo, porque la ciencia informa, pero las leyes y el reglamento de estas tienen que ver con los valores, criterios normativos y sensibilidades.

46. El juicio, las negociaciones y las votaciones de los diputados que fueron elegidos para estas tareas y no para otras y, en consecuencia, los diputados no pueden abdicar de estas responsabilidades.

47. El artículo 146 establece que «la elección del presidente y vicepresidente de la república se realizará mediante el sufragio universal, igual, directo, libre y secreto. Serán elegidos quienes obtengan la mayoría relativa de votos». Se debe añadir que para ser elegidos presidente y vicepresidente de la república los candidatos a tales cargos deberán obtener como mayoría relativa al menos el 50% más uno de los votos. Y que se prohíbe la reelección de forma absoluta y la elección en uno de los dos siguientes períodos del cónyuge o compañero o compañera estable del que haya ejercido la presidencia.

48. El artículo 150 establece las atribuciones del presidente de la república y como numeral 2 «representar a la nación». Este atributo se debe remover puesto que es innecesario y ambiguo.

49. El numeral 5 que se refiere a elaborar el Proyecto de Ley del Presupuesto General de la República es necesario quitarlo puesto que esta la función de elaborar, aprobar y supervisar la ejecución de esta Ley del Presupuesto le corresponde a la Asamblea Nacional.

50. El numeral 6 cambia, puesto la aprobación de las personas propuestas por el presidente para los cargos de los ministros, viceministros y otros altos cargos le corresponderá a la Asamblea Nacional.

51. El numeral 9 cambia, porque le corresponderá a la Asamblea Nacional autorizar la Suspensión de Derechos y Garantías Constitucionales, a petición del Poder Ejecutivo.

52. El numeral 10: «Reglamentar las leyes que lo requieran, en un plazo no mayor de sesenta días» desaparece porque el Poder Ejecutivo no debe tener funciones cuasi legislativas y le corresponde a la Asamblea Nacional aprobar por la mayoría correspondiente la ley completa.

53. El artículo 164, en sus numerales 4 y 10 establece como atribución de la Corte Suprema de Justicia (CSJ) «conocer y resolver los recursos por inconstitucionalidad de la ley». Como ya hemos visto, esta función se mantiene.

DICTADURAS COMO RESULTADO DE PACTOS ENTRE COMPINCHES POLÍTICOS PARA PERMITIR LA REELECCIÓN PRESIDENCIAL

1. Este tema de la no reelección presidencial ha sido una de las exigencias políticas más importantes a través de la historia de Nicaragua. Las creencias de la ciudadanía nunca han aceptado la reelección presidencial y cuando esta se ha permitido esto se ha debido a pactos oscuros en los que a cambio de la posibilidad de reelección el tirano que quiere mantenerse en el poder le ofrece beneficios económicos, políticos o ideológicos a los compinches con los que pacta su permanencia en el poder. La mayoría de las guerras civiles de Nicaragua se han debido al deseo de algún tirano de llegar al poder por la vía de los hechos y no del derecho, o al deseo de los compinches de mantener de manera indefinida en el poder al compinche que está en mejor posición para mantener las líneas rojas de la corrupción anti-institucionalidad democrática.

2. **Nuestra Constitución Federal de 1824** establece en el Artículo 111, que: «La duración de presidente y vicepresidente será por cuatro años y podrán ser reelegidos una vez sin intervalo alguno».

3. La **Constitución del Estado Libre de Nicaragua del 12 de noviembre de 1838** establece en el artículo 132, que: «La duración del director será por dos años, sin poder ser reelecto, sino hasta pasado el mismo período». Y en el artículo 133, que: «El Director del Estado no podrá funcionar un día más de los dos años que fija el artículo anterior».

4. La **Constitución Política de la República de Nicaragua del 19 de agosto de 1858** establece en el artículo 32, que: «El período de presidente de la república es de cuatro años: comienza y termina el 1° de marzo. El ciudadano que lo haya servido no puede ser reelecto para el inmediato».

5. La **Constitución Política «La Libérrima» con fecha 10 de diciembre de 1893**, en su artículo 96 establece que: «El período presidencial será de cuatro años y comenzará el 1° de febrero. El ciudadano que hubiere ejercido la Presidencia en propiedad no podrá ser reelecto ni electo vicepresidente para el siguiente período».

6. El artículo 95 establece que: «El presidente y el vicepresidente de la república, serán electos popular y directamente y su elección será declarada por la Asamblea como queda prescrito».

7. En el artículo 97 establece que: «Tampoco podrá ser electo presidente el ciudadano que hubiese ejercido la Presidencia en los últimos seis meses del período».

8. El artículo 152 establece que: «No obstante la aprobación del Congreso a la conducta del Poder Ejecutivo, el presidente y los secretarios de Estado podrán ser acusados por delitos oficiales, hasta cinco años después de haber cesado en sus funciones». El artículo 153 complementa al artículo 152 estableciendo

que: «Pronunciada una sentencia de responsabilidad por delitos oficiales, no puede concederse al reo la gracia de indulto».

9. Y el artículo 159 establece que: «En ningún caso podrá decretarse la reforma de los artículos constitucionales que prohíben la reelección del presidente o del que los sustituya y que establecen la duración presidencial, para que produzca sus efectos en el período en curso o en el siguiente».

10. Decreto de la Asamblea Nacional con fecha 9 de septiembre de 1896 en su artículo 2 resuelve que: «Los artículos 95, 96 y 159 de la Constitución Política emitida el 10 de diciembre de 1893 no tendrán efecto sino del 1º de febrero de 1902 en adelante». Esta reforma parcial violaba el artículo 159 citado arriba y era, por tanto, una violación a la soberanía. El artículo 150 de la Libérrima se refiere a los juicios políticos.

11. Esta Constitución de 1893 fue reformada el 15 de octubre de 1896 y en esta reforma, entre otros cambios, se suprimió el artículo 152, con lo que se favorecía la impunidad.

12. El 30 de marzo de 1905 se promulgó la **Constitución Política de Nicaragua de 1905**, que es conocida como «Autocrática», que establece en el artículo 74: «El presidente de la república será electo directamente por el voto de los nicaragüenses» y en el artículo 75: «El período presidencial será de seis años y comenzará el 1º de enero del año siguiente a la elección». Como se puede apreciar, en esta Constitución no se prohíbe la reelección.

13. La Constitución Política de 1911 fue promulgada el 21 de diciembre de 1911 y se establece en el artículo 104: «El período de presidente y vicepresidente de

la república será de cuatro años y comenzará el 1º de enero. El ciudadano que ejerciere la presidencia en propiedad o accidentalmente, no podrá ser elegido presidente ni vicepresidente para el siguiente período». Y, en el artículo 105: «Tampoco puede ser elegido presidente o vicepresidente, el que tuviere parentesco de consanguinidad o afinidad en la línea recta, o hasta el cuarto grado inclusive de la colateral, con el presidente de la república, o con el que ejerciere la presidencia en los últimos seis meses anteriores a la elección».

14. La Constitución Política de 1939 fue promulgada el 22 de marzo de 1939 y establece en su artículo 204: «El período presidencial es de seis años y comenzará el uno de mayo. Se prohíbe la reelección para el siguiente período». Y, establece en el artículo 205 que no puede ser elegido presidente «El que tuviere parentesco de consanguinidad o afinidad en la línea recta o hasta el cuarto grado inclusive de la colateral con el presidente de la república o con el que ejerza la presidencia durante cualquier tiempo de los últimos seis meses anteriores a la elección».

15. La Constitución de 1948 fue promulgada el 22 de enero de 1948 y establece en su artículo 171: «El presidente electo por votación popular directa no es reelegible para el período inmediato. Tampoco podrán ser elegidos presidente de la república: I. Los parientes dentro del cuarto grado de consanguinidad o segundo de afinidad del presidente de la República o del que ejerza la Presidencia durante cualquier tiempo de los últimos seis meses anteriores a la elección».

16. Como consecuencia del pacto de compinches entre don Emiliano Chamorro (1871-1966) y don Anastasio Somoza García (1896-1956), conocido como el

Pacto de los Generales, y que se firmó el 3 de abril de 1950 se convocaron a elecciones de presidente de la república y de representantes a una Asamblea Nacional Constituyente.

17. La Constitución de 1950, que fue promulgada el primero de noviembre de 1950, establece en su artículo 186: «No podrá ser elegido presidente para el siguiente período el que haya ejercido la presidencia de la república en el período anterior. Tampoco podrán ser elegidos presidente de la república: los parientes del presidente dentro del cuarto grado de consanguinidad o afinidad».

18. El 28 de marzo de 1971 firmaron un pacto de compinches don Anastasio Somoza Debayle (1925-1980) y don Fernando Agüero Rocha (1917-2011), y acordaron convocar a una nueva Asamblea Nacional Constituyente.

19. La Constitución Política de 1974, que fue promulgada el 13 de abril de 1974, establece en su artículo 185 que: «No podrá ser electo presidente para el siguiente período el que haya ejercido la presidencia de la república en el período anterior. Tampoco podrá ser electo presidente de la república: los parientes del presidente de la república dentro del cuarto grado de consanguinidad o afinidad».

20. La Constitución Política de 1987 que fue promulgada el 9 de enero de 1987 no establece ninguna limitación con respecto a la reelección presidencial.

21. Con la ley No. 192 aprobada el 1ero de febrero de 1995 y publicada en *La Gaceta* el 4 de julio de 1995 se reformó parcialmente la Constitución de 1987. Esta ley en su artículo 13 realiza reformas importantes con relación a la elección y la reelección presidencial, y después

de esta reforma la lectura del artículo 147 establece que: «En ningún caso podrán ser elegidos presidente o vicepresidente de la república los candidatos que no obtuvieren como mayoría relativa al menos el 45% de los votos válidos. Si ninguno de los candidatos alcanzare este porcentaje, se realizará una segunda elección entre los que hubiesen obtenido el primero y el segundo lugar, y será electo el que obtenga el mayor número de votos. No podrán ser candidatos a presidente ni vicepresidente de la república: a) El que ejerciere o hubiere ejercido en propiedad la presidencia de la república en cualquier tiempo del período en que se efectúa la elección para el período siguiente, ni el que la hubiere ejercido por dos períodos presidenciales. b) Los parientes dentro del cuarto grado de consanguinidad y los que sean o hayan sido parientes dentro del segundo grado de afinidad, del que ejerciere o hubiere ejercido en propiedad la presidencia de la república en cualquier tiempo del período en que se efectúa la elección para el período siguiente».

22. La siguiente reforma parcial de la Constitución Política de 1987 fue la de 2000 y fue producto del pacto de compinches de 1999 entre don Arnoldo Alemán y don Daniel Ortega Saavedra, y a estos cambios ya nos referimos en este libro.

23. Con el regreso de don Daniel Ortega Saavedra a la presidencia en 2007, producto de otro pacto de compinches al que ya nos referimos en este libro, desaparecieron todas las restricciones a la reelección presidencial y con relación al porcentaje mínimo de votos que debe obtener el candidato mayoritario para evitar una segunda vuelta.

24. La última versión reformada de la Constitución Política de 1987 es la del 10 de febrero de 2014 y en su artículo 146 establece que: «La elección del presidente y vicepresidente de la república se realiza mediante el sufragio universal, igual, directo, libre y secreto. Serán elegidos quienes obtengan la mayoría relativa de votos». No establece ninguna restricción con relación a la reelección presidencial.

BIBLIOGRAFÍA

- Abrams, E. (2017). Realism and Democracy: American Foreign Policy after the Arab Spring. New York: Cambridge University Press.

- Acemoglu, D. y Naidu, S. y Restrepo, P. y Robinson, J. A. (2019). Democracy Does Cause Growth. Journal of Political Economy, pp. 47-100

- Acemoglu, D. y Robinson, J. A. (2006). Economic Origins of Dictatorship and Democracy. New York: Cambridge University Press. Kindle Edition.

- Acemoglu, D. y Robinson, J. A. (2012). Why Nations Fail. New York: Crown Business.

- Aristotle. (1990). Politics. Great Books of the Western World, Volume 8, Chicago: Encyclopaedia Britannica, Inc. Second Edition, translated by B. Jowett, pp. 445-548.

- Aristotle. (1990). The Athenian Constitution. Great Books of the Western World, Volume 8, Chicago: Encyclopaedia Britannica, Inc. Second Edition, translated by Sir. F. G. Kenyon, pp. 553-584.

- Arriazu, R. (2003). Lecciones de la Crisis Argentina. Buenos Aires: El Ateneo.

- Asamblea Nacional de Nicaragua. (2000). Constitución Política de Nicaragua con sus reformas y contrareformas. Managua: La Universal.

- Beinhocker, E. D. (2006). The Origin of Wealth. Boston: Harvard Business School Press.

- Bethell, T. (1988). The Noblest Triumph. New York: St. Martin´s Press.

- Bracking, S. (Summer 2018). Corruption & State Capture: What Can Citizens Do? Daedalus, Journal of the American Academy of Arts & Sciences, pp. 169-183.

- Briggs, W. (2016). Uncertainty: The Soul of Modelling, Probability & Statistics. New York: W. Briggs.

- Bueno de Mesquita, B. (2002). Predicting Politics. Ohio: The Ohio State University.

- Bueno de Mesquita, B. y Smith, A. (2011). The Dictator´s Handbook: Why Bad Behavior is Almost Always Good Politics. New York: Public Affairs. Kindle Edition.

- Calderón, A. y Peres, W. (2018). Comisión Económica para América Latina y el Caribe (CEPAL), Desarrollo, Integración e Igualdad: La respuesta de Centroamérica a la crisis de globalización. Santiago: Naciones Unidas.

- Casco, A. (2008). Constitución Política de la República de Nicaragua. Managua: Hispamer, Edición Actualizada.

- César, A. (2015). Democracia Pendiente: Nicaragua 1979 – 2014. Managua: A. César.

- Christian, S. (1985). Nicaragua: Revolution in the Family. New York: Random House.

- Coase, R. H. (1990). The Firm the Market and the Law. Chicago: The University of Chicago Press, Paperback edition.

- Cooter, R. D. (2000). The Strategic Constitution. New Jersey: Princeton University Press.

- Cuadra Bendaña, P. A. (2016). Nicaragua: En torno al pensamiento de José Ortega y Gasset. Managua: P. A. Cuadra B.

- De la Selva, Salomón. (1981). Boletin del Archivo General de la Nación, 6-7. Managua: Centro Cultural Nacional.

- De Montesquieu, B. (1990). The Spirit of Laws. Great Books of the Western World, Volume 35, Chicago: Encyclopaedia Britannica, Inc. Second Edition, translated by T. Nugent, pp. 1-315.

- De Soto, H. (1987). El Otro Sendero. México: Instituto Libertad y Democracia.

- Dobson, W. J. (2012). The Dictator's Learning Curve: Inside the Global Battle for Democracy. New York: Doubleday, Kindle Edition.

- Epstein, R. A. (1995). Simple Rules for a Complex World. Boston: Harvard University Press.

- Esgueva Gómez, A. (1994). Las Constituciones Políticas y sus reformas en la Historia de Nicaragua, tomos I y II. Managua: Asamblea Nacional de Nicaragua

- Gaddis, J. L. (2018). On Grand Strategy. New York: Penguin Books. Kindle Edition.

- Harrison, L. E. y Huntington, S. P. (2000). Culture Matters. New York: Basic Books.

- Hayek, F. (1960). The Constitution of Liberty. Chicago: The University of Chicago Press.

- Holcombe, R. G. (2018). Political Capitalism: How Economic and Political Power is Made and Maintained. New York: Cambridge University Press. Kindle Edition.

- Holmes, S. y Sunstein, C. R. (1999). The Cost of Rights. New York: W. W. Norton & Company.

- Huntington, S. P. (1991). The Third Wave: Democratization in the Late Twentieth Century. Norman: University of Oklahoma Press.

- Johnston, M. (2014). Corruption Contention and Reform: The Power of Deep Democratization. Cambridge, U.K.: Cambridge University Press, Kindle Edition.

- Johnston, M. (Summer 2018). Reforming Reform: Revising the Anticorruption Playbook. Daedalus, Journal of the American Academy of Arts & Sciences, pp. 50-62.

- Kirkpatrick, J. J. (1982). Dictatorships and Double Standards. New York: Simon & Schuster.

- Kuhn, Thomas S. (1996). The Structure of Scientific Revolutions. Chicago: The University of Chicago Press. Third Edition.

- Levitsky, S. y Ziblatt, D. (2018). How Democracies Die. New York: Crown.

- Lustig, N. (2018). El Impacto del Sistema Tributario y el Gasto Social en la Distribución del Ingreso y la Pobreza en América Latina. Una aplicación del marco metodológico del proyecto compromiso con la equidad (CEQ). New Orleans: CEQ Institute, Tulane University.

- Machiavelli, N. (1990). The Prince.Great Books of the Western World, Volume 21, Chicago: Encyclopaedia Britannica, Inc. Second Edition, translated by W.K. Marriott, pp. 3-37.

- McCloskey, D. N. (2016). Bourgeois Equality: How Ideas, not Capital or Institutions, Enriched the World. Chicago: The University of Chicago Press. Kindle Edition.

- Moro, S. F. (Summer 2018). Preventing Systemic Corruption in Brazil. Daedalus, Journal of the American Academy of Arts & Sciences, pp. 157-168.

- Navas, J. R. (2018). Constitución Política de la República de Nicaragua. Managua: Editorial Jurídica. Tercera reimpresión.

- North, D. C., Wallis, J. J., y Weingast, B. R. (2009). Violence and Social Order. New York: Cambridge University Press, Kindle Edition.

- Olson, M. (2000). Power and Prosperity. New York: Basic Books.

- Ortega y Gasset, J. (1984). La rebelión de las masas. Barcelona: Editorial Planeta – De Agostini, S. A.

- Paulsen, M. S. y Paulsen, L. (2015). The Constitution: An Introduction. New York: Basic Books, Kindle Edition.

- Plato. (1990). The Republic. Great Books of the Western World, Volume 6. Chicago: Encyclopaedia Britannica, Inc. Second Edition, translated by B. Jowett, pp. 295-441.

- Plutarco.(1973). Solón. Vidas Paralelas. Madrid: Aguilar. Traducciones del Griego por A. Sanz, J. Ortiz y J. M. Riaño, pp. 113-131.

- Popper, K. (1971). The Open Society and Its Enemies, Volumes I and II. New Jersey: Princeton University Press.

- Quah, J. S. T. (Summer 2018). Combating Corruption in Asian Countries: Learning from Success & Failure. Daedalus, Journal of the American Academy of Arts & Sciences, pp. 202-215.

- Rajan, R. G. y Zingales, L. (2003). Saving Capitalism from the Capitalists. New York: Crown Business.

- Rhodes, A. (2018). The Debasement of Human Rights: How Politics Sabotage the Idea of Freedom. New York: Encounter books. Kindle Edition.

- Rizo Castellón, J. (2012). Confesiones de un Vicario. Managua: J. Rizo Castellón.

- Schumpeter, J. (1962). Capitalism, Socialism and Democracy. New York: Harper & Row, Publishers, Third Edition.

- Sharansky, N. (2004). The Case for Democracy. New York: Public Affairs, Perseus Books Group.

- Shelton, J. (1994). Money Meltdown. New York: The Free Press.

- Taleb, N. N. (2018). Skin in the Game: Hidden Asymmetries in Daily Life. New York: Random House. Kindle Edition.

- Teachout, Z. (Summer 2018). The Problem of Monopolies & Corporate Public Corruption. Daedalus, Journal of the

American Academy of Arts & Sciences, pp. 111-126.

- Thucydides. (1972). History of the Peloponnesian War. New York: Penguin Books, Translated by R. Warner.

- Wanniski, J. (1978). The Way the World Works. New York: Simon & Schuster.

- Yergin, D. y Stanislaw, J. (1998). The Commanding Heights. New York: Simon & Schuster.

Este libro se terminó de imprimir en junio de 2019
con un tiraje de 2,000 ejemplares
en papel ledger de 90 gramos,
dos tintas y sulfito 16 en cobertura.
Continental Casa Editora.
Managua, Nicaragua.

Un desenlace común para los países no libres es que como consecuencia de grandes movilizaciones ciudadanas cae el gobernante absoluto de turno y lo sustituye otro igualmente inescrupuloso.

¿A qué se debe que las grandes movilizaciones populares exigiendo cambios en las políticas públicas generalmente consiguen algunos cambios, por un tiempo, pero las que exigen institucionalidad democrática generalmente fracasan?

Si el ciudadano es el sujeto activo del método democrático y los dirigentes electos obtienen el poder de decisión con relación a las atribuciones que les delega la Constitución con base a este método democrático, ¿por qué estos dirigentes electos se subordinan a los poderes fácticos e ignoran las peticiones de los ciudadanos?

¿Por qué razones Montealegre define a la corrupción anti-institucionalidad democrática como la utilización directa o indirecta del poder coercitivo del Estado o de la violencia de fuerzas irregulares para obtener privilegios incompatibles con la inclusión política, económica o social? ¿Quiénes son los sujetos activos de esta corrupción?

Nuestra historia nos ha enseñado que la circunstancia más difícil de crear o palanquear es la de la crisis que existe cuando la ciudadanía rechaza de raíz las ideas y creencias que sustentan a la corrupción antidemocrática y a los gobiernos de los países no libres, pero más allá de un sentimiento democrático e incluyente, no terminan de identificar racionalmente las ideas y creencias con las que quieren vivir.

Una ciudadanía que no sabe lo que quiere, por qué lo quiere y cómo lograrlo, quedará a merced de los acuerdos de cúpula entre poderes fácticos y lo probable es que se mantengan intactos los mecanismos de corrupción antidemocrática y las líneas rojas.

Este libro explica en qué consiste la institucionalidad democrática, cuáles son las ideas, creencias y principios que la sustentan, identifica los obstáculos que es necesario vencer y presenta en detalle los siete elementos claves de la democracia.

Haroldo J. Montealegre Lacayo, economista graduado de The University of Chicago, diseñó la estrategia exitosa para alcanzar la estabilidad monetaria en 1990 - 1991 y escribe sobre la institucionalidad democrática y sobre la utilización de plataformas y tecnologías modernas para asegurar la inclusión política, económica y social en tiempo real de todos los ciudadanos.

www.ingramcontent.com/pod-product-compliance
Lightning Source LLC
Chambersburg PA
CBHW020123180726
47992CB00020B/1780